D1729425

David Böhnke

Auditor in der Lebensmittelbranche

Wie ermittelt man die passende Besetzung?

Diplomica Verlag GmbH

Böhnke, David: Auditor in der Lebensmittelbranche: Wie ermittelt man die passende Besetzung?. Hamburg, Diplomica Verlag GmbH 2013

Buch-ISBN: 978-3-8428-8405-2
PDF-eBook-ISBN: 978-3-8428-3405-7
Druck/Herstellung: Diplomica® Verlag GmbH, Hamburg, 2013

Bibliografische Information der Deutschen Nationalbibliothek:
Die Deutsche Nationalbibliothek verzeichnet diese Publikation in der Deutschen Nationalbibliografie; detaillierte bibliografische Daten sind im Internet über http://dnb.d-nb.de abrufbar.

© Diplomica Verlag GmbH
Hermannstal 119k, 22119 Hamburg
http://www.diplomica-verlag.de, Hamburg 2013
Printed in Germany

Inhaltsverzeichnis

I. Vorwort

Ein Thema, das für mich als angehender technischer Ingenieur eine Herausforderung bedeutete. Durch den Einblick in eine Zertifizierungsstelle für Lebensmittelsicherheitssysteme wurde ich für das Thema "Auditor" sensibilisiert. Hier stellte sich mir die grundlegende Frage: „Auditor, was ist das?"

Laut der Norm EN ISO 19011:2002, ist ein Auditor: „eine Person mit der Qualifikation, ein Audit durchzuführen." Das Audit wird definiert als: (Norm EN ISO 19011:2002) „Systematischer, unabhängiger und dokumentierter Prozess zur Erlangung von Auditnachweisen und zu deren objektiver Auswertung, um zu ermitteln, inwieweit die Auditkriterien erfüllt sind."

Ebenso stellte sich die Frage: „Kann eine Person normiert sein?" Mein persönliches Interesse hängt mit dieser Frage zusammen und motivierte mich so zu dieser Arbeit.

II. Ziele

Ziele dieser Arbeit ist es eine Prüfmethodik zu entwickeln, bzw. zu modifizieren, die folgende Punkte beinhaltet:

- *Harmonisierung der Auditorenqualifikation*

- *Beurteilungsmöglichkeit von Auditoren*

Hierfür werden Daten aus Theorie und Praxis auf dem Gebiet der Lebensmittelqualität und –sicherheitssysteme ausgewertet und gegeneinander verglichen.

1. Einführung

Vorschriften sind heutzutage ein wichtiger und fester Bestandteil des Lebens geworden. Dies gilt auch für die Beschreibung von Berufen. Egal ob Polizist, Feuerwehrmann oder Krankenschwester, sie alle unterliegen den Ansprüchen ihres Berufes.

Doch das wahre Leben zeigt uns immer wieder, dass Anspruch und Wirklichkeit oft nicht übereinstimmen. Der Mensch ist nun mal viel zu komplex, um ihn in Vorgaben und Normen zu quetschen.

Auch das Berufsbild des Auditors steht im Kreuzweg zwischen Anspruch und Wirklichkeit. DIN ISO 19011, Zertifizierungsstellen, Standardgeber oder auditierte Betriebe, alle haben Ansprüche und Vorstellungen, wie der Auditor zu sein hat.

Eine optimale Personalbesetzung wird für heutige Unternehmen immer wichtiger. Das Prinzip „time is money" fordert eine möglichst passende Besetzung für jeden Arbeitsplatz und eine schnelle Einarbeitungszeit. Im Berufsbild des Auditors in der Lebensmittelbranche ist es wichtig, kompetentes Personal zu finden und das zur Verfügung stehende Personal, ob eigenes oder externes, stetig fachlich weiterzuqualifizieren. Methoden und Werkzeuge sind unterschiedlich, um zum Ziel zu kommen. Der Führungsstil und Anspruch des Unternehmens sind bedeutungsvoll und für den Einsatz entscheidend.

Diese Diplomarbeit soll mögliche Personalansprüche an Auditoren verdeutlichen und Lösungen zur Umsetzung geben. Der allgemeine Blick auf Fachkompetenz, Sozialkompetenz und Kommunikation soll weitere Sensibilität für dieses Thema schaffen. Die oben genannten Ansprüche in den offiziellen Dokumenten und Institutionen werden in eine gängige Methode gebettet und als Vergleichsmatrix genutzt.

2. Theoretische Kompetenzen

Der Begriff *Auditor* kommt aus dem Lateinischen und heißt soviel wie *Zuhörer*. Seine Aufgabe ist es, mit gezielter Kommunikation an benötigte Informationen zu kommen. Dies fordert eine gewisse Sozialkompetenz, daher wird hier in der Theorie ein großer Schwerpunkt auf das Thema „Kommunikation" gelegt. Auch andere Anforderungen an Fachkompetenz und Persönlichkeit werden betrachtet.

2.1 Allgemeine Sozialkompetenz

2.1.1 Kompetenzvermittlung

Kompetenz ist nicht nur eine fachliche Frage. Fachliche Kompetenz wird unter anderem durch spezifische Aus- und Weiterbildungen erworben.

Wichtig ist die Frage, wie wird Kompetenz vermittelt bzw. wie werden Fähigkeiten sichtbar gemacht?

(Preußners, 2006, S. 18): „...Ingenieure sind in der Regel fachlich sehr gut ausgebildet und denken logisch und strukturiert. Die meisten sind „0-1-Denker", die sich auf die notwendigen fachlichen Themen konzentrieren." Diese Aussage zeigt schon, dass es an Fachwissen in der Regel nicht fehlen sollte. Doch dies allein ist kein Garant dafür, dass Kompetenz auch wahrgenommen wird. (Preußners, 2006, S. 18): „[...] Erst mit der Formel fachliche Kompetenz plus sicheres Auftreten erlangt man als Ingenieur...Zugang." Nur so ist es dem Fachmann möglich, seine Kompetenz zu vermitteln.

Das erste Fazit könnte heißen: „ *Sie müssen sich nicht verbiegen, um sicher aufzutreten, aber Sie können auch nicht erwarten, dass man Ihre Kompetenz erahnt.*" (Preußners, 2006, S. 18)

Das sichere Auftreten

Ein sicheres Auftreten ist unverzichtbar, wenn man seine Kompetenz vermitteln will. Jeder kann sich vorstellen, welch ein Bild vermittelt wird, wenn man unsicher auftritt. Die Kompetenz und damit das Urteilsvermögen wird vom gegenüber innerlich in Frage gestellt.

[1]Folgende Punkte sind zu beachten, wenn ein sicheres Auftreten gelingen soll.

> ➢ *Fachliche Kompetenz*

> ➢ *Ausgeglichenheit*

> ➢ *Authentizität*

> ➢ *Spielregeln in der Branche*

---

[1] (vgl. Preußners, 2006)

Fachliche Kompetenz und Authentizität

[2]Die fachliche Kompetenz ist dank guter technischer Ausbildung in der Regel gegeben. Produkt- oder branchenspezifische Kenntnisse und Fähigkeiten kann man sich aufgrund dieser soliden schwerpunktübergreifenden Kompetenz schnell aneignen.

Um seine Kompetenz auch zur Wirkung zu bringen ist Authentizität wichtig, denn:[3] „Authentizität heißt Echtheit, Zuverlässigkeit und Glaubwürdigkeit." Man sollte vermeiden perfekt aufzutreten, denn Perfektion stößt ab. Auch sollte man sich nicht verstellen, aber die Spielregeln der Brache beachten.

[4]Jede Branche hat bestimmte Spielregeln, diese sind nötig, um sicher aufzutreten. Da wären zum Beispiel die Regeln für die Geschäftskleidung. Hier ist Anpassung gefragt. Die Kleidung, die man als Auditor trägt, sollte auf die Branche abgestimmt sein

Die Bekleidung

Das Produktmarketing greift oft auf den Grundsatz zurück: „ *Das Auge isst mit*". Die Aufmachung eines Produkts ist genauso verkaufsentscheidend wie der Inhalt, wenn nicht sogar DER Faktor, um sich für ein Produkt zu entscheiden.

Auch im Umgang mit dem Kunden ist ein gepflegtes Äußeres und eine angemessene Bekleidung für den Erscheinungseindruck wichtig. Jede Branche und jede Ebene der Geschäftsbeziehungen haben ihre Mindestanforderungen an den *Dress-Code*. Man präsentiert seine Kompetenz und sein Unternehmen. Beides sollte einen überzeugenden Eindruck hinterlassen, daher sollte der Auditor sich schon im Vorfeld informieren, welcher Dress-Code gefordert ist. Das sogenannte „overdress" ist genauso unvorteilhaft für die Atmosphäre wie das „underdress". Die Gefahr spießig und überheblich zu wirken ist dabei groß.

---

[2] (vgl. Preußners, 2006 S. 19)
[3] (Preußners, 2006 S. 20)
[4] (vgl. Preußners, 2006 S. 20)

Der Praxistipp hierzu: [5]„Passen Sie die Spielregeln für Geschäftskleidung immer Ihrem Gegenüber und den aktuellen Umständen an."

Im Folgenden werden Empfehlungen gegeben, die beim richtigen Dress-Code helfen können.

[6]Die 17 häufigsten Bekleidungsfehler des Ingenieurs (Auditors)

- ➤ Abgetragenes Jackett/Sakko,
- ➤ Kombination von Jeans und Sakko,
- ➤ abgetragene Hose,
- ➤ Hose mit ausgetragener Bügelfalte,
- ➤ Hose mit Gürtelschlaufe ohne Gürtel,
- ➤ Hemd mit kurzen Ärmeln,
- ➤ Hemd mit Ärmeln und Krawatten,
- ➤ Hemd mit Button-Down-Kragen zum Anzug,
- ➤ Hemd mit aufgekrempelten Ärmeln,
- ➤ Hemd mit Krawatte und Pullunder unter Jackett/Sakko,
- ➤ Krawatte, die zu kurz gebunden ist,
- ➤ Krawattenknoten und/ oder Hemd geöffnet,
- ➤ Strümpfe mit lustigen Motiven,
- ➤ Strümpfe zu kurz,
- ➤ Braune Schuhe zum dunklen Anzug,
- ➤ schief getretene Absätze,
- ➤ ungeputzte Schuhe.

---

[5] (Preußners, 2006)
[6] (Preußners, 2006)

[7]Die 15 häufigsten Bekleidungsfehler der Ingenieurin (Auditorin)

- ➢ Enge Hose zum Hosenanzug,
- ➢ Rock und Hosensäume nicht einwandfrei umgenäht,
- ➢ Jeanshose und Pullover,
- ➢ Bluse oder Kleid ohne Ärmel,
- ➢ Oberteile mit Spaghettiträgern,
- ➢ tiefes Dekolleté,
- ➢ Glitzerstoffe,
- ➢ partiell durchsichtige Stoffe,
- ➢ Rüschen,
- ➢ Netzstrümpfe,
- ➢ keine Strümpfe,
- ➢ zu hohe Absätze,
- ➢ Bleistiftabsätze,
- ➢ Absätze mit Metall,
- ➢ ungeputzte Schuhe.

---

[7] (Preußners, 2006 S. 68)

2.1.2 Kommunikation

Das hier betrachtete Kommunikationsmodel ist das „vier Seiten einer Nachricht" von Friedmann Schulz von Thun. Er hat drei Bände zu der Thematik Kommunikation herausgegeben. Eine Nachricht hat, nach seiner Theorie, vier Seiten. Alle Seiten haben einen bestimmten Einfluss auf die Kommunikation. Eine andere Kommunikationstheorie, die auch gerne genutzt wird, aber hier nicht tiefer drauf eingegangen werden soll, ist die Transaktionsanalyse nach Eric Berne. Er nimmt die kindliche Prägung zu Grunde und beschreibt eine Kommunikation als Interaktion von «Erwachsenen-Ich, Eltern-Ich und Kind-Ich». Diese drei Seiten werden in verschiedenen Facetten ausgelegt. Schulz von Thun betrachtet dagegen immer nur die von ihm entwickelten vier Bereiche in einer Interaktion. Daher ist sein Model schnell nachzuvollziehen und der Facettenreichtum hält sich in Grenzen.

Anatomie einer Nachricht

[8]Der Grundvorgang der zwischenmenschlichen Kommunikation ist schnell beschrieben. Da ist ein *Sender*, der etwas mitteilen möchte. Er verschlüsselt sein Anliegen in erkennbare Zeichen. Dem *Empfänger* obliegt es, dieses Signal zu entschlüsseln. In der Regel stimmen gesendete und empfangene Nachricht leidlich überein. Häufig machen Sender und Empfänger von der Möglichkeit Gebrauch, die Güte der Verständigung zu überprüfen. Dadurch, dass der Empfänger zurückmeldet, wie er die Nachricht entschlüsselt hat, wie sie bei ihm angekommen ist und was sie bei ihm angerichtet hat, kann der Sender halbwegs überprüfen, ob seine Sende-Absicht mit dem Empfangsresultat übereinstimmt. Eine solche *Rückmeldung* heißt auch *Feedback*.

Abbildung 1: Beispiel für eine Nachricht aus dem Alltag: Die Frau sitzt am Steuer, der Mann ist Beifahrer

---

[8] (vgl. Schulz von Thun, Januar 2008 S. 25)

Eine Nachricht ist ein Paket, das eine Vielfalt von Botschaften enthält. In der zwischenmenschlichen Kommunikation kommt deshalb einer gewissen Störanfälligkeit zwischen Sender und Empfänger zustande.

Abbildung 1 zeigt Folgendes:

Der Mann (= Sender) sagt zu seine am Steuer sitzenden Frau (= Empfänger): «Du, da vorne ist grün!» - Was steckt alles drin in dieser Nachricht, was hat der Sender (bewusst oder unbewusst) hineingesteckt, und was kann der Empfänger ihr entnehmen?

Sachinhalt (oder: worüber ich informiere)

[9]Zunächst enthält die Nachricht eine Sachinformation. Im eben erwähnten Beispiel wird über den Zustand der Ampel informiert - sie steht auf grün. Immer wenn es «um die Sache» geht, steht diese Seite der Nachricht im Vordergrund.

Selbstoffenbarung (oder: was ich von mir selbst kundgebe)

[10]In jeder Nachricht stecken nicht nur Informationen über die mitgeteilten Sachinhalte, sondern auch Informationen über die Person des Senders. Das Beispiel zeigt, dass der Sender *deutschsprachig* und *farbtüchtig* ist, überhaupt, dass er wach und innerlich dabei ist. Ferner, dass er es vielleicht eilig hat usw. Allgemein gesagt: *In jeder Nachricht steckt auch Selbstoffenbarung des Senders.* Nach Schulz von Thun schließt der Begriff „Selbstoffenbarung" eine gewollte Selbstdarstellung und auch die unfreiwillige Selbstenthüllung ein.

Beziehung (oder: was ich vom anderen halte und wie man zueinander steht)

[11]Aus der Nachricht geht ferner hervor, wie der Sender zum Empfänger steht, was er von ihm hält. Für diese Seite der Nachricht hat der Empfänger ein besonders empfindliches Ohr; denn hier fühlt er sich als Person in bestimmter Weise behandelt (oder misshandelt).

Allgemein gesprochen: Eine Nachricht senden heißt auch immer zu dem Angesprochenen eine bestimmte Art von Beziehung auszudrücken. Genaugenommen sind auf der Beziehungsseite der Nachricht zwei Arten von Botschaften versammelt. Zum einen solche, aus denen hervorgeht, was der Sender vom Empfänger hält und wie er ihn sieht. In dem Beispiel gibt der Mann zu erkennen, dass er seine Frau für hilfsbedürftig hält. - Zum anderen enthält die Beziehungsseite aber auch eine Botschaft darüber, wie der Sender *die Beziehung zwischen sich und dem Empfänger* sieht («so stehen wir zueinander»). Während also die Selbstoffenbarungsseite (vom Sender aus betrachtet) *Ich-Botschaften* enthält, enthält die Beziehungsseite einerseits *Du-Botschaften* und andererseits *Wir-Botschaften.*

---

[9] (vgl. Schulz von Thun, Januar 2008 S. 26)
[10] (vgl. Schulz von Thun, Januar 2008 S. 26, 27)
[11] (vgl. Schulz von Thun, Januar 2008 S. 27, 28)

Dieser Sachverhalt taucht in jeder allgemeinen Kommunikation auf. Aber gerade für die berufliche Ausführung des Auditors ist diese Aussage wesentlich. Gerade ein Auditor sollte sehr feinfühlig für diese Ebene sein. Hier entscheidet sich, ob der Gesprächspartner gern mit ihm kooperiert. Eine gewisse Sympathie mit freundlicher Distanz erleichtert die Arbeit erheblich.

Appell (oder: wozu möchte ich veranlassen)

[12] Die Nachricht dient also (auch) dazu, den Empfänger zu veranlassen, bestimmte Dinge zu tun oder zu unterlassen, zu denken oder zu fühlen. Dieser Versuch, Einfluss zu nehmen, kann mehr oder minder offen oder versteckt sein - im letzteren Fall spricht man von *Manipulation*. Wenn Sach-, Selbstoffenbarungs- und Beziehungsseite auf die Wirkungsverbesserung der Appellseite ausgerichtet werden, werden sie *funktionalisiert,* d. h. spiegeln nicht wider was ist, sondern werden zum Mittel für die Zielerreichung.

Diese Art der Appellierung kann das Mittel zum Zweck für den Auditor sein. Durch

- gezieltes Fragen auf der Sachebene,
- ein freundliches Auftreten auf der Selbstoffenbarungsseite
- und einer gewissen Vertraulichkeit auf der Beziehungsseite.

---

[12] (vgl. Schulz von Thun, Januar 2008 S. 29, 30)

Doch Vorsicht, der Appellaspekt ist vom Beziehungsaspekt zu unterscheiden, denn mit dem gleichen Appell können sich ganz unterschiedliche Beziehungsbotschaften verbinden.

Die nun hinlänglich beschriebenen vier Seiten einer Nachricht sind in der Abbildung 2 zusammengefasst.

Abbildung 2: Die vier Seiten einer Nachricht mit Sender und Empfänger

Für die Praxis des Auditors ist Abbildung 3 hilfreich:

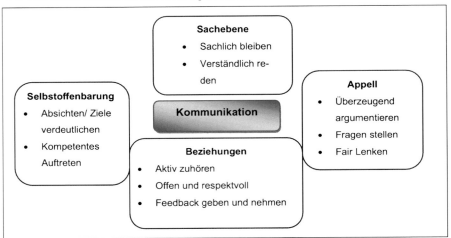

Abbildung 3: erweitertes Nachrichten-Quadrat ,[13]

Zusammengefasst: Ein und dieselbe Nachricht enthält viele Botschaften; ob der Sender will oder nicht - er sendet immer gleichzeitig auf allen vier Seiten. Die Vielfalt der Botschaften lässt sich mit Hilfe des Quadrates ordnen. Dieses «Drumherum» der Botschaften bestimmt die psychologische Qualität einer Nachricht. Zur Verdeutlichung dieser kommunikationspsychologischen Arbeitsweise soll die Nachricht des Beifahrers: «Du, da vorne ist grün!» unter die kommunikationspsychologische Lupe betrachtet werden:

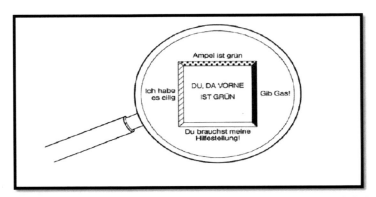

Abbildung 4: Das Botschaftsgeflecht einer Nachricht, unter der kommunikationspsychologischen Lupe

Das hier behandelte Beispiel ist sehr eindeutig ausgelegt, doch in der Praxis ist es meist nicht der Fall. Auch Botschaften können unterschiedlich gesehen werden. Hierbei kann man zwei große Teile unterscheiden.

---

[13] vgl. (http://www.teialehrbuch.deKostenlose-KurseUnternehmensfuehrungimages3009281.gif, (09.06.2008))

Explizite und implizite Botschaften

[14]*Explizit* heißt: ausdrücklich formuliert. *Implizit* heißt: ohne dass es direkt gesagt wird, steckt es doch drin oder kann zumindest «hineingelegt» werden.

Auch diese Technik der Kommunikation kann, bewusst eingesetzt, die Arbeit des Auditors qualitativ unterstützen.

Die Unterteilung explizit/implizit ist unabhängig von der vierseitigen Unterteilung: Auf allen vier Seiten der Nachricht sind explizite wie implizite Botschaften möglich. Man könnte geneigt sein anzunehmen, dass die expliziten Botschaften die eigentlichen Hauptbotschaften sind, während die impliziten Botschaften etwas weniger wichtig am Rande mitlaufen. Dies ist keineswegs der Fall. Im Gegenteil - die «eigentliche» Hauptbotschaft wird oft implizit gesendet. Für implizite Botschaften wird oft der nonverbale Kanal bemüht.

---

[14] (vgl. Schulz von Thun, Januar 2008 S. 33)

Nonverbaler Nachrichtenanteil

[15]Über die Stimme, Betonung und Aussprache, sowie über begleitende Mimik und Gestik werden teils eigenständige und teils «qualifizierende» Botschaften vermittelt. Mit «qualifizierend» ist gemeint: Die Botschaften geben Hinweise darauf, wie die sprachlichen Anteile der Nachricht «gemeint» sind. Ein Satz wie «Das sollst du mir büßen!» hängt in seiner Bedeutung entscheidend davon ab, wie die nichtsprachlichen Begleitsignale aussehen bzw. sich anhören. Die Nonverbalität führt aber dazu, dass die sachliche Seite unberührt bleibt. Angenommen, jemand weint. Alle restlichen drei Seiten dieser Nachricht können wichtige Botschaften enthalten. *Selbstoffenbarung:* vielleicht Traurigkeit, seelisches Elend, vielleicht Freude - jedenfalls emotionale Bewegtheit. *Beziehung:* vielleicht eine Bestrafung des Empfängers («Da siehst du, was du angerichtet hast, du gemeiner Kerl!»). *Appell:* Vielleicht handelt es sich bei dem Weinen auch um eine Strategie, um Zuwendung oder Schonung zu erhalten.

Hierzu gibt Abbildung 5 eine Illustration.

Abbildung 5: Drei Seiten einer nicht-verbalen Nachricht. (Schulz von Thun, Januar 2008 S. 34)

---

[15] (vgl.Schulz von Thun, Januar 2008 S. 33, 34)

Das Grundgesetz: Man kann nicht *nicht* kommunizieren

[16]Dieses «Grundgesetz» der Kommunikation ruft in Erinnerung, dass jedes Verhalten Mitteilungscharakter hat. Man muss gar nicht etwas sagen, um zu kommunizieren. Jedes Schweigen ist «beredet» und stellt eine Nachricht mit mindestens drei Seiten dar. Ein Beispiel für nonverbale Kommunikation zeigt hier die Abbildung 6.

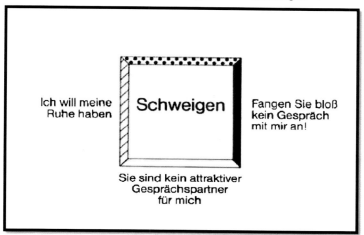

Abbildung 6: Jedes Verhalten hat Mitteilungscharakter, hier: Das Schweigen im Zugabteil (Schulz von Thun, Januar 2008 S. 35)

[17]Auch wenn man etwas sagt, entlarvt der Körper die wahren Gedanken. Der Körper lügt selten und verrät Dinge, die man offen nicht äußern würde. Eine ungünstige Körpersprache kann zu Komplikationen in der Kommunikation führen. Aus diesem Grund ist es notwendig, dass man neben der gesprochenen Sprache auch die Körpersprache beherrscht.

Ein geübtes Auge sieht mehr, als man erahnt. An der Körpersprache erkennt man, wie sich der Gesprächspartner oder man sich selbst gerade fühlt (z. B. unsicher, interessiert, vergnügt, skeptisch oder überzeugt). Die Körpersprache des Gegenübers gibt frühzeitig Informationen für das weitere Vorgehen.

Um die Körpersprache des anderen zu interpretieren, muss dabei die gesamte Situation und die gesamte Kette der körpersprachlichen Signale berücksichtigt werden. Ein körpersprachliches Signal allein ist subjektiv, daher lassen sich nur Empfehlungen zu körpersprachlichen Signalen geben. Die folgenden Beispiele sollen für die körpersprachlichen Signale sensibilisieren. Die Interpretation erfolgt in Bezug auf den mitteleuropäischen Kulturkreis.

---

[16] (vgl. Schulz von Thun, Januar 2008 S. 35)
[17] (vgl. Preußners, 2006 S. 23)

Abbildung 7: Hände in der Hosentasche (Preußners, 2006 S. 25)

Erläuterung zur Abbildung 7:

[18]Die körpersprachlichen Signale zeigen Entspanntheit, Selbstbewusstsein, Gleichgültigkeit und ein wenig Respektlosigkeit. Diese Haltung verhindert es, aufrecht zu stehen, da die Schultern nach vorn sacken. Sie verhindert es auch, seinem Gegenüber Aufmerksamkeit und Respekt zu zeigen. Das gesprochene Wort kann nicht durch Gestik unterstützt werden, da die Hände in den Taschen ruhen. Insgesamt eine sehr passive und forsche Körperhaltung, die zu Ablehnung führen kann.

Abbildung 8: Hände leicht ineinander gelegt (Preußners, 2006 S. 26)

Erläuterung zur Abbildung 8:

[19]Die körpersprachlichen Signale zeigen Selbstbewusstsein, Flexibilität, Aufmerksamkeit, Anpassungsfähigkeit und Respekt. Durch diese Körperhaltung ist die Person in der Lage, jederzeit das gesprochene Wort durch entsprechende Gestik zu unterstützen. Durch die nur leicht ineinander gelegten Hände sind Gesten schnell realisierbar. Die aufrechte Körperhaltung signalisiert Kraft und Energie.

---

[18] (Preußners, 2006 S. 25)
[19] (Preußners, 2006 S. 26)

[20]Als negativ empfundene Haltung, Gestik und Fußbewegung gelten auch:

- ➤ Gebeugte Haltung
- ➤ Auf der Stelle treten
- ➤ Beine im Stehen überkreuzen
- ➤ Mit den Füßen wippen
- ➤ Hände auf den Hüften abstützen
- ➤ Arme verschränken vor dem Brustkorb
- ➤ Hände in den Taschen
- ➤ Mit einem Kugelschreiber spielen
- ➤ Fingernägel kauen
- ➤ Nase reiben
- ➤ Am Kinn spielen
- ➤ Am Ohr spielen

Für ein positives Erscheinungsbild beim stehenden Gegenüber sollte man folgendes beachten:

Mimik und Augenkontakt

[21]Zu vermeiden, um nicht negativ zu wirken, sind folgende Punkte:

- ➤ häufiges Schlucken (meistens sind zu lange Monologe und eine nicht abgestimmte Atmung die Ursache)

- ➤ leichtes „Schmatzen" (hier wird Stress sichtbar; durch Stress wird bei vielen Menschen die Speichelproduktion merkbar reduziert. Als Folge wird der Mund trocken und das leichte Schmatzen beginnt)

- ➤ Schweißperlen auf der Stirn (Nervosität oder Übergewicht könnten die Gründe sein)

- ➤ häufiges Wegschauen (oft Folge mangelnder Konzentration oder Unsicherheit)

- ➤ Verspannte Mimik (Stress, generelles Problem mit seinem sozialen Umfeld oder psychische und physische Unausgeglichenheit könnten die Gründe sein)

---

[20] (vgl. Preußners, 2006 S. 27)
[21] (vgl. Preußners, 2006 S. 28)

Kongruente und inkongruente Nachrichten

Um Diskrepanzen zwischen Mimik und der Nachricht als Auditor zu erkennen bzw. zu interpretieren, ist das bewusste Unterscheiden dieser Nachrichtentypen von Vorteil.

[22]Eine Nachricht ist *kongruent,* wenn alle Signale in die gleiche Richtung weisen, wenn sie in sich stimmig ist. So passt ein wütender Blick und eine laute Stimme zu dem Satz «Ich will dich nicht mehr sehen, du Schuft!»

Abbildung 9 verdeutlicht diese Diskrepanz optisch.

Abbildung 9: Beispiele für inkongruente Nachrichten. (Schulz von Thun, Januar 2008 S. 36

---

[22] (vgl. Schulz von Thun, Januar 2008 S. 36)

Auch ein inneres „Kuddelmuddel" bei dem Sender macht es dem Empfänger nicht gerade leicht, die Botschaft der Nachricht in rechter Form zu deuten. Inkongruente Nachrichten können auch eine Verschmelzung aus zwei sich widersprechenden Botschaften sein. Dies soll Abbildung 10 illustrieren.

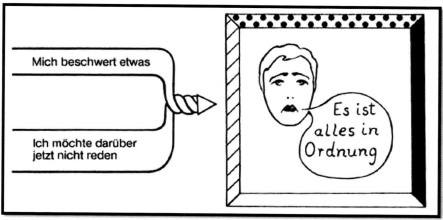

Abbildung 10: Die inkongruente Nachricht als Kompromissprodukt für zwei miteinander verschmolzene innere Zustände (Schulz von Thun, Januar 2008 S. 40)

Der Empfänger

Was zwischenmenschliche Kommunikation so kompliziert macht, ist: Der Empfänger hat prinzipiell die freie Auswahl, auf welche Seite der Nachricht er reagieren will, denn auch der Empfänger hat mehrere Möglichkeiten zu empfangen und zu reagieren. Den richtigen „Ton" auf der richtigen „Frequenz" des Empfängers zu treffen, fordert hier den Auditor. Nicht nur, dass er mitteilt was er möchte, es muss auch noch richtig ankommen, denn wenn zwei vom Gleichen reden, muss es noch lange nicht das Selbe sein.

Abbildung 11 zeigt hier die vier Möglichkeiten, auf welcher Ebene ein Empfänger eine Nachricht wahrnehmen kann.

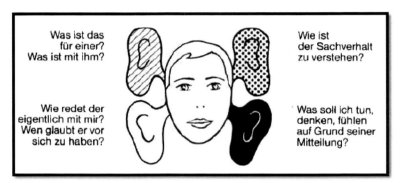

Abbildung 11: der vierohrige Empfänger (Schulz von Thun, Januar 2008 S. 45)

Diese freie Auswahl des Empfängers führt zu manchen Störungen - etwa dann, wenn der Empfänger auf eine Seite Bezug nimmt, auf die der Sender das Gewicht nicht legen wollte.

Das Beziehungs-Ohr

[23]Bei manchen Empfängern ist das auf die Beziehungsseite gerichtete Ohr so groß und überempfindlich, dass sie in vielen beziehungsneutralen Nachrichten und Handlungen eine Stellungnahme zu ihrer Person hineinlegen oder überbewerten. Diese Personen beziehen alles auf sich, nehmen alles persönlich, fühlen sich leicht angegriffen und beleidigt.

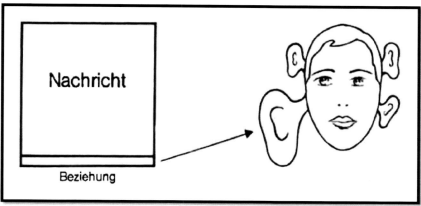

Abbildung 12: Der Empfänger mit dem großen Beziehungs-Ohr. (Schulz von Thun, Januar 2008 S. 52)

Das Selbstoffenbarungs-Ohr

[24]Verglichen mit dem überempfindlichen Beziehungs-Ohr kann es seelisch gesünder sein, ein gut gewachsenes Selbstoffenbarungs-Ohr zu haben, welches die Nachricht unter dem Aspekt aufnimmt: «*Was sagt mir die Nachricht über den Sender?*»
Dies wird noch mal in der folgenden Abbildung dargestellt.

Abbildung 13: Empfänger mit dem Ohr auf der Selbstoffenbarungsseite (Schulz von Thun, Januar 2008 S. 54)

---

[23] (vgl. Schulz von Thun, Januar 2008 S. 51)
[24] (Schulz von Thun, Januar 2008 S. 54)

Ein Beispiel aus dem Leben zeigt, wie eine Nachricht interpretiert werden kann: Einmal unter dem Aspekt der Beziehungsebene und das andere mal unter der Sachebene.

Abbildung 14: Die betroffene und die diagnostizierende Empfangsweise auf eine persönliche Anklage. (Schulz von Thun, Januar 2008 S. 55)

Das diagnostische-Ohr

Diagnostisches Ohr bedeutet, die Nachricht wird <u>nicht auf der Beziehungsebene</u> interpretiert. Man interpretiert mit dem Selbstoffenbarungs-Ohr, wie oben im Beispiel beschrieben. Das heißt, *man sieht sich nicht als Grund für die Reaktion, sondern spielt den Ball wieder zurück.*

[25]Es wäre viel gewonnen, wenn der Auditor mehr in der Lage wäre, die gefühlsmäßigen Ausbrüche, die Anklagen und Vorwürfe der Kunden mit dem Selbstoffenbarungs-Ohr zu empfangen. So kann er die Sachlichkeit trotz der Emotionen des Gegenübers wahren.

Das Appell-Ohr

[26]Der Empfänger «auf dem Appell-Sprung».

Von dem Wunsch beseelt, es allen recht zu machen und auch den unausgesprochenen Erwartungen der Mitmenschen zu entsprechen, ist manchem Empfänger mit der Zeit ein übergroßes Appell-Ohr gewachsen. Sie hören auf der Appellseite geradezu «das Gras wachsen», sind dauernd auf dem «Appell-Sprung».

---

25 (vgl. Schulz von Thun, Januar 2008 S. 55, 56)
26 (vgl. Schulz von Thun, Januar 2008 S. 58, 59)

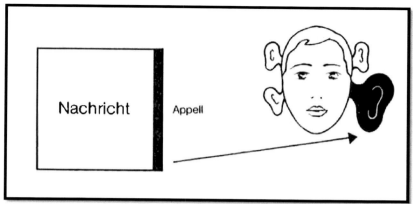
Abbildung 15: Der Appel-ohrige Empfänger (Schulz von Thun, Januar 2008 S. 59)

Der Empfänger mit dem übergroßen Appell-Ohr ist meist wenig bei sich selbst, hat keine «Antenne» für das, was er selbst will und fühlt. Die Wahrnehmung des leisen Appelles löste gleichsam automatisch die appellgemäße Reaktion aus, ohne dass die eigene Persönlichkeit dazwischengeschaltet wäre. Dies ist zwar eine leichte und unpersönliche Variante aber nicht unbedingt die Beste, wenn es um zwischenmenschliche Kommunikation geht, die das Berufsbild des Auditors prägt.

Das Feedback

[27]Es ist sichtbar, dass schon die empfangene Nachricht ein Machwerk des Empfängers ist. Erst recht gilt dies für seine innere Reaktion auf die empfangene Nachricht. Davon soll im Folgenden die Rede sein. Als Sender tappt man ziemlich im Dunkeln: wie das, was man von sich gibt ankommt und was man beim Empfänger «anrichtet». Am erhaltenen Feedback kann der Auditor sehen, wie er das Gespräch lenken muss, und ob man auf der gleichen Ebene kommuniziert. Hierbei spielen auch die anderen Komponenten mit: „Merke ich an der Körpersprache des Anderen, dass er unsicher ist? Muss ich ihn aus seiner Situation abholen? Wie lenke ich ein angespanntes Gespräch…?" Vieles lässt sich mit einem aufmerksamen Auge und mit dem sicheren Umgang der Kommunikation grundsätzlich erkennen und lenken.

---

[27] (vlg. Schulz von Thun, Januar 2008 S. 69)

Die Psycho-chemische Reaktion

[28]Das, was die Nachricht «anrichtet», richtet der Empfänger teilweise selbst an. Die innere Reaktion auf eine Nachricht erweist sich als ein Wechselwirkungsprodukt zwischen der Saat (gesendeter Nachricht) und dem psychischen Boden auf dem diese Saat beim Empfänger fällt. In einem anderen Bild ausgedrückt: In der Chemie ist das seltsame Phänomen bekannt, dass zwei für sich genommen harmlose Stoffe, wenn sie zusammentreffen, zu einer hochexplosiven Verbindung werden. In derselben Weise kann man sich die Vorgänge in der Kommunikation vorstellen: Ein Beispiel gibt die Abbildung 16. Wenn ein Empfänger kritisiert wird, der sehr stark von der Überzeugung durchdrungen ist, dass es schlimm und selbstwertbeeinträchtigend ist Fehler zu machen, dann wird Verwundung und eventuell Aggression als psycho-chemische Reaktion auftreten. Er wird «explodieren».

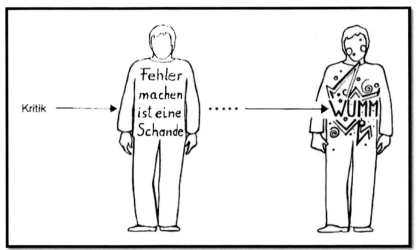

Abbildung 16: Beispiel für eine «psycho-chemische Reaktion» in der Innenwelt des Empfängers. (Schulz von Thun, Januar 2008 S. 70)

Trifft dieselbe Kritik auf einen Empfänger, der es sich zugesteht Fehler zu machen und darin keine Selbstwert-Einbuße erlebt, kann die Reaktion harmloser und konstruktiver ausfallen. Diese Reaktionsweise sollte auch für den Auditor charakteristisch sein.

.

---

[28] (vlg. Schulz von Thun, Januar 2008 S. 69, 70)

Drei Empfangsvorgänge auseinanderhalten

[29]Für die innere Klarheit des Empfängers und für seine Fähigkeit zum Feedback ist folgende Unterscheidung von großer Bedeutung.

- **Wahrnehmen** heißt: etwas sehen oder hören.
- **Interpretieren** heißt: das Wahrgenommene mit einer Bedeutung versehen - z. B. einen Blick als «abfällig» deuten.
- **Fühlen** heißt, auf das Wahrgenommene und Interpretierte mit einem eigenen Gefühl antworten, wobei die eigene seelische «Bodenbeschaffenheit» mit darüber entscheidet, was für ein Gefühl ausgelöst wird (z. B. Wut angesichts des «abfälligen Blickes»). Dieses Gefühl unterliegt nicht der Beurteilung richtig oder falsch, sondern ist eine Tatsache.

Ich-Botschaften

[30]Nachrichten mit hohem Selbstoffenbarungsanteil werden «Ich-Botschaften» genannt. Durch die Ich-Botschaft gibt man etwas von dem eigenen Innenleben preis. Die Ich-Botschaft steht im Gegensatz zur Du-Botschaft, bei der eine Aussage über den anderen gemacht wird.

Es ist offensichtlich, dass auch eine Rückmeldung - wie jede Nachricht - vier Seiten hat. Der Empfänger (= Feedback-Spender) weist auf Sachverhalte hin; gibt vor allem etwas von sich selbst kund, nämlich wie *er* auf die Nachricht reagiert, was *er* hineinlegt und was sie bei *ihm* auslöst (Selbstoffenbarung). Er drückt aus, wie er zum Sender steht (Beziehung). Und oft hat das Feedback auch deutlichen Appell-Charakter, indem es die Aufforderung an den Sender enthält, etwas zu ändern oder beizubehalten.

Man kann jetzt das vorläufige Kommunikationsmodell vervollständigen, indem man das (ebenfalls quadratische) Feedback mit aufnimmt und zwischen gesendeter und empfangener Nachricht unterscheidet.

---

[29] (vlg. Schulz von Thun, Januar 2008 S. 72, 73)
[30] (vlg. Schulz von Thun, Januar 2008 S. 79, 80)

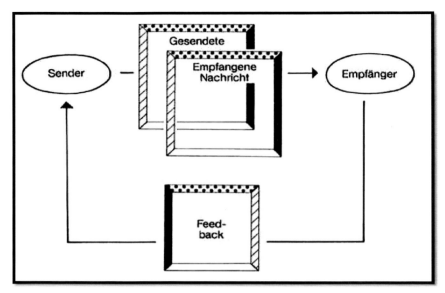

Abbildung 17: Vervollständigtes Modell der zwischenmenschlichen Kommunikation. (Schulz von Thun, Januar 2008 S. 81)

Resümee

Abschließend kann man sagen, dass die Beherrschung der Kommunikationsgrundregeln ein solides Fundament für die Arbeit eines Auditors ist. Wer weiß, wie „gesendete" Nachrichten ankommen können und was das Feedback des Empfängers bedeutet, kommt zu einer realistischen Einschätzung des Gesamtbildes und damit zur erfolgreichen Auditierungstätigkeit.

2.2 Spezifische Vorgaben an den Auditor

Im diesem Anspruchspool kommen Daten zusammen, die für die Beschreibung eines Auditors wichtig sind. Anforderungen existieren unter anderem in Normen, Prüfsystemen aus der freien Wirtschaft und seitens der Zertifizierungsstellen.

Folgende Anforderungssysteme werden näher betrachtet:
➢ DIN ISO 19011:2002 (D/E)
➢ DIN EN 45011:1998
➢ IFS (International Food Standard) und Global Food Standard des BRC (British Retail Consortium)
➢ QS Qualität und Sicherheit GmbH
➢ ARS PROBATA GmbH, Stellenbeschreibung für Auditoren

DIN ISO 19011:2002 (D/E)

Diese internationale Norm gibt eine Anleitung für das Management von Auditprogrammen und die Durchführung interner und externer Audits von Qualitätsmanagement- und/oder Umweltmanagementsysteme sowie die Qualifikation und Bewertung von Auditoren.
Die Abbildung 18 zeigt die Schwerpunkte der DIN EN 19011.

Abbildung 18: Konzept der Qualifikation (vgl. DIN ISO 19011, 2002 S.50)

Persönliche Eigenschaften (DIN EN 19011, 2002 S. 50 ff.)

Auditoren sollten über persönliche Eigenschaften verfügen, die es ihnen erlauben, sich gemäß den Auditprinzipien zu verhalten.

Ein Auditor sollte:

a. dem Berufsethos entsprechen - unparteiisch, wahrheitsliebend, aufrichtig, ehrlich und diskret sein;

b. aufgeschlossen sein - bereit, alternative Ideen oder Standpunkte zu erwägen;

c. diplomatisch sein - taktvoll im Umgang mit Menschen sein;

d. aufmerksam sein - sich ständig der physischen Umgebung und der Tätigkeiten bewusst sein;

e. eine schnelle Auffassungsgabe haben - instinktiv Situationen erfassen und verstehen;

f. vielseitig sein - in der Lage sein, sich auf unterschiedliche Situationen einzustellen;

g. hartnäckig sein - ausdauernd, auf das Erreichen von Zielen konzentriert sein;

h. entscheidungsfähig sein - rechtzeitig Schlussfolgerungen durch logisches Denken und auf der Grundlage von Analysen ziehen und

i. selbstsicher sein - er handelt und agiert selbständig, arbeitet trotzdem wirksam mit anderen zusammen.

Kenntnisse und Fähigkeiten (DIN EN 19011, 2002 S. 52)

Auditoren sollten über Kenntnisse und Fähigkeiten auf den folgenden Gebieten verfügen:

a. Auditprinzipien, -verfahren und -techniken, um den Auditor in die Lage zu versetzen, das auszuwählen und anzuwenden, was für unterschiedliche Audits geeignet ist, und um sicherzustellen, dass Audits in konsequenter und systematischer Weise durchgeführt werden. Ein Auditor sollte in der Lage sein:

   - Auditprinzipien, -verfahren und -techniken anzuwenden,
   - die Arbeit wirksam zu planen und zu organisieren,
   - das Audit im vereinbarten Zeitrahmen durchzuführen,
   - Prioritäten festzulegen und sich auf das Wesentliche zu konzentrieren,
   - Informationen durch wirksames Befragen, Zuhören, Beobachten und Auswertung von Dokumenten, Aufzeichnungen und Daten zu erfassen,
   - die Angemessenheit und die Folgen des Gebrauchs von Stichprobennahmetechniken beim Audit zu verstehen,

- die Genauigkeit von gesammelten Informationen zu verifizieren,
- die Angemessenheit und Eignung der Auditnachweise zur Unterstützung von Auditfeststellungen und -schlussfolgerungen zu bestätigen,
- die Faktoren, die sich auf die Zuverlässigkeit der Auditfeststellungen und –schlussfolgerungen auswirken können, zu bewerten,
- Arbeitsdokumente zum Aufzeichnen von Audittätigkeiten einzusetzen,
- Auditberichte zu erstellen,
- die Vertraulichkeit und Sicherheit von Informationen zu wahren und
- wirksam zu kommunizieren, entweder mittels persönlicher sprachlicher Fähigkeiten oder mittels eines Dolmetschers.

b. Managementsystem- und Referenzdokumente, um den Auditor in die Lage zu versetzen, den Auditumfang zu verstehen und Auditkriterien anzuwenden. Kenntnisse und Fähigkeiten auf diesem Gebiet sollten sich erstrecken auf:
   - Anwendung von Managementsystemen auf unterschiedliche Organisationen,
   - Wechselwirkung zwischen den Bestandteilen des Managementsystems,
   - Normen der Qualitätsmanagement- oder Umweltmanagementsysteme, anwendbare Verfahren oder andere Managementsystem-Dokumente, die als Auditkriterien gebraucht werden,
   - Erkennen von Unterschieden zwischen Referenzdokumenten und deren Priorität,
   - Anwendung der Referenzdokumente auf unterschiedliche Auditsituationen und
   - Informationssysteme und Informationstechnologie für die Genehmigung, die Sicherheit, die Verteilung und die Überwachung von Dokumenten, Daten und Aufzeichnungen.

c. Organisatorische Situationen, um den Auditor in die Lage zu versetzen, den operationalen Zusammenhang der Organisation zu verstehen. Kenntnisse und Fähigkeiten auf diesem Gebiet sollten sich erstrecken auf:
   - Größe, Aufbau, Funktionsbereiche und Beziehungen von Organisationen,
   - allgemeine Geschäftsprozesse und darauf bezogene Terminologie und
   - kulturelle und soziale Gepflogenheiten der zu auditierenden Organisationen.

d. Zutreffende Gesetze, Vorschriften und andere Anforderungen in Bezug auf das Fachgebiet, um den Auditor in die Lage zu versetzen, die Anforderungen, die für die zu auditierende Organisation gelten, zu kennen und zu beachten. Kenntnisse und Fähigkeiten auf diesem Gebiet sollten sich erstrecken auf:
   - lokale, regionale und nationale Kodizes, Gesetze und Verordnungen, Verträge und Vereinbarungen,

- internationale Verträge und Abkommen und
- sonstige Anforderungen, zu denen sich die Organisation bekennt.

Gemeinsame Kenntnisse und Fähigkeiten von Auditteam-Leitern (DIN EN 19011, 2002 S. 54)

Auditteam-Leiter sollten zusätzliche Kenntnisse und Fähigkeiten in Bezug auf das Leiten von Audits aufweisen, um das Audit effizient und wirksam durchzuführen. Ein Auditteam-Leiter sollte Folgendes können:

- Audits planen und Ressourcen während des Audits wirksam einsetzen,
- das Auditteam bei der Kommunikation mit dem Auftraggeber und der zu auditierenden Organisation vertreten,
- die Mitglieder des Auditteams organisieren und leiten,
- das Auditteam leiten, damit Auditschlussfolgerungen gezogen werden können,
- Konflikte verhindern und lösen und
- den Auditbericht erarbeiten und fertig stellen.

Spezifische Kenntnisse und Fähigkeiten der Auditoren von Qualitätsmanagement-systemen (DIN EN 19011, 2002 S. 54)

Auditoren von Qualitätsmanagementsystemen sollten Kenntnisse und Fähigkeiten auf folgenden Gebieten haben:

a. Qualitätsbezogene Methoden und Techniken, um den Auditor in die Lage zu versetzen, Qualitätsmanagementsysteme zu prüfen und zu angemessenen Auditfeststellungen und -schlussfolgerungen zu gelangen. Kenntnisse und Fähigkeiten auf diesem Gebiet sollten einschließen:
- Qualitätsterminologie,
- Prinzipien des Qualitätsmanagements und deren Anwendung und
- Qualitätsmanagementwerkzeuge und deren Anwendung (zum Beispiel statistische Prozessüberwachung, Ausfallwirkungsanalyse etc.).

b. Prozesse und Produkte, einschließlich Dienstleistungen, um den Auditor in die Lage zu versetzen, den technologischen Zusammenhang zu verstehen, in welchem das Audit durchgeführt wird. Kenntnisse und Fähigkeiten auf diesem Gebiet sollten einschließen:
- branchenspezifische Terminologie,
- technische Merkmale von Prozessen und Produkten, einschließlich Dienstleistungen, und
- branchenspezifische Prozesse und Praktiken.

Spezifische Kenntnisse und Fähigkeiten der Auditoren von Umweltmanagementsystemen (DIN EN 19011, 2002 S. 54, 55)

Auditoren von Umweltmanagementsystemen sollten Kenntnisse und Fähigkeiten auf den folgenden Gebieten haben:

a. Methoden und Techniken des Umweltmanagements, um den Auditor in die Lage zu versetzen, Umweltmanagementsysteme zu prüfen und zu angemessenen Auditfeststellungen und -schlussfolgerungen zu gelangen. Kenntnisse und Fähigkeiten auf diesem Gebiet sollten einschließen:

   - Umweltterminologie,
   - Prinzipien des Umweltmanagements und deren Anwendung und
   - Werkzeuge des Umweltmanagements (wie z. B. Bewertung von Umwelt-aspekten und -auswirkungen, Lebenszyklusbewertung, Umweltleistungsbewertung usw.).

b. Umweltwissenschaft und -technologie, um den Auditor in die Lage zu versetzen, das grundlegende Verhältnis zwischen menschlichen Tätigkeiten und der Umwelt zu verstehen. Kenntnisse und Fähigkeiten auf diesem Gebiet sollten einschließen:

   - Auswirkung der menschlichen Tätigkeit auf die Umwelt,
   - Wechselwirkungen von Ökosystemen,
   - Umweltmedien (z. B. Luft, Wasser, Boden),
   - Management natürlicher Ressourcen (z. B. fossile Brennstoffe, Wasser, Flora und Fauna) und
   - allgemeine Methoden des Umweltschutzes.

c. Technische und Umweltaspekte der betrieblichen Tätigkeit, um den Auditor in die Lage zu versetzen, die Wechselwirkungen der Tätigkeiten, Produkte, Dienstleistungen und betrieblichen Tätigkeit der zu auditierenden Organisation mit der Umwelt zu verstehen. Kenntnisse und Fähigkeiten auf diesem Gebiet sollten einschließen:

   - branchenspezifische Terminologie,
   - Umweltaspekte und -auswirkungen,
   - Methoden zur Beurteilung der Bedeutung von Umweltaspekten,
   - kritische Merkmale von betrieblichen Prozessen, Produkten und Dienstleistungen,
   - Überwachungs- und Messtechniken und
   - Technologien für die Verhinderung von Umweltverschmutzung.

Ausbildung, Arbeitserfahrung, Auditorenschulung und Auditerfahrung (vgl. DIN EN 19011, 2002 S. 56)

Auditoren sollten folgende Ausbildung, Arbeitserfahrung, Auditorenausbildung und Auditerfahrung haben:

a. eine Ausbildung abgeschlossen haben, die ausreicht, um Kenntnisse und Fähigkeiten zu erwerben, die in «Kenntnisse und Fähigkeiten» beschrieben sind;

b. Arbeitserfahrung sollte in einer technischen, leitenden oder anderen beruflichen Funktion gegeben sein, wozu Urteilsvermögen, Problemlösungen und Kommunikation mit anderem Leitungspersonal oder Berufskollegen, mit Gleichgestellten, Kunden oder anderen interessierten Parteien gehören.

Ein Teil der Arbeitserfahrung sollte in einer Funktion erworben worden sein, bei der die ausgeführten Tätigkeiten zur Entwicklung von Kenntnissen und Fähigkeiten auf folgenden Gebieten beitragen:
- Qualitätsmanagement für Auditoren von Qualitätsmanagementsystemen und
- Umweltmanagement für Auditoren von Umweltmanagementsystemen.

c. eine Auditorenschulung absolviert haben, die zur Entwicklung der in siehe oben beschriebenen Kenntnisse und Fähigkeiten beiträgt. Die Schulung kann durch die Organisation, zu der die Person gehört oder durch eine außenstehende Organisation erfolgen.

d. Auditerfahrung bei den Audittätigkeiten haben. Diese Erfahrung sollte unter der Aufsicht und der Anleitung eines Auditors erworben werden, der als Auditteam-Leiter auf dem gleichen Fachgebiet qualifiziert ist.

Auditoren, die sowohl Qualitätsmanagement- als auch Umweltmanagementsysteme auditieren (DIN EN 19011, 2002 S. 58)

Auditoren von Qualitätsmanagement- oder Umweltmanagementsystemen, die Auditor auf dem zweiten Fachgebiet werden möchten, sollten:

a. über die Schulung und die Arbeitserfahrung verfügen, die benötigt werden, um die Kenntnisse und Fähigkeiten für das zweite Fachgebiet zu erwerben, und

b. Audits durchgeführt haben, die das gesamte Managementsystem auf dem zweiten Fachgebiet abdecken, unter der Aufsicht und der Anleitung eines Auditors, der die Qualifikation als Auditteam-Leiter auf dem zweiten Fachgebiet besitzt.

Auditteam-Leiter auf einem Fachgebiet sollten erst Auditteam-Leiter auf dem zweiten Fachgebiet werden, wenn sie die Voraussetzungen der obigen Abschnitte (a) und (b) erfüllen.

Tabelle 1: Beispiel für Niveaus von Ausbildung, Arbeitserfahrung, Auditorenschulung und Auditerfahrung der Auditoren, die Zertifizierungsaudits oder ähnliche Audits durchführen (DIN EN 19011, 2002)

Kriterium	Auditor	Auditor auf mehreren Fachgebieten	Auditteam-Leiter
Ausbildung	Sekundarausbildung (siehe Anmerkung 1)	wie für Auditor	wie für Auditor
Gesamte Arbeitserfahrung	5 Jahre (siehe Anmerkung 2)	wie für Auditor	wie für Auditor
Arbeitserfahrung auf dem Gebiet Qualitäts- oder Umweltmanagement	wenigstens 2 Jahre der gesamten 5 Jahre	2 Jahre auf dem zweiten Fachgebiet (siehe Anmerkung 3)	wie für Auditor
Auditorenschulung	40 Stunden Auditschulung	24 Stunden Schulung auf dem zweiten Fachgebiet (siehe Anmerkung 4)	wie für Auditor
Auditerfahrung	4 vollständige Audits und mindestens 20 Tage Auditerfahrung als auszubildender Auditor unter der Aufsicht und Anleitung eines Auditors, der die Qualifikation als Auditteam-Leiter besitzt (siehe Anmerkung 5). Die Audits sollten innerhalb der letzten drei aufeinander folgenden Jahre abgeschlossen worden sein.	3 vollständige Audits und mindestens 15 Tage Auditerfahrung auf dem zweiten Fachgebiet unter der Aufsicht und Anleitung eines Auditors, der die Qualifikation als Auditteam-Leiter auf dem zweiten Fachgebiet besitzt (siehe Anmerkung 5). Die Audits sollten innerhalb der letzten zwei aufeinander folgenden Jahre abgeschlossen worden sein.	3 vollständige Audits und mindestens 15 Tage Auditerfahrung in der Rolle eines Auditteam Leiters unter der Aufsicht und Anleitung eines Auditors, der die Qualifikation als Auditteam-Leiter besitzt (siehe Anmerkung 5). Die Audits sollten innerhalb der letzten zwei aufeinander folgenden Jahre abgeschlossen worden sein.

ANMERKUNG 1: Sekundarausbildung ist jener Teil des nationalen Bildungssystems, welcher der Grund- oder Elementarstufe folgt, jedoch vor der Aufnahme an einer Universität oder einer ähnlichen Bildungseinrichtung abgeschlossen wird.

ANMERKUNG 2 Die Anzahl von Jahren der Arbeitserfahrung kann um ein Jahr verringert werden, wenn die Person eine angemessene weiterführende Ausbildung abgeschlossen hat.

ANMERKUNG 3 Die Arbeitserfahrung auf dem zweiten Fachgebiet kann parallel zur Arbeitserfahrung auf dem ersten Fachgebiet erworben worden sein.

ANMERKUNG 4 Die Schulung auf dem zweiten Fachgebiet bezweckt die Aneignung von Kenntnissen der zutreffenden Normen, Gesetze, Vorschriften, Prinzipien, Methoden und Techniken.

ANMERKUNG 5 Ein vollständiges Audit schließt sämtliche beschriebenen Stufen ein. Die Auditerfahrung als Ganzes sollte die gesamte Managementsystemnorm abdecken.

DIN EN 45011

Diese Norm legt die Anforderungen fest, deren Inhalt sicherstellt, dass unabhängige Zertifizierungssysteme durch die Zertifizierungsstellen vergleichbar und verlässlich betrieben werden.

[31] „Die Zertifizierungsstelle muß [32][sic!] von ihrem am Zertifizierungsprozeß [sic!] beteiligten Personal verlangen, daß [sic!] es einen Vertrag oder ein anderes Dokument unterzeichnet, durch den sich das Personal zu folgendem verpflichtet:

a. Einhaltung der durch die Zertifizierungsstelle festgelegten Regelungen, einschließlich der Regeln über Vertraulichkeit und Unabhängigkeit gegenüber kommerziellen und anderweitigen Interessen; und

b. Angabe jeder früheren und/ oder *gegenwärtigen* Verbindung, persönlich oder über seinen Arbeitgeber, mit einem Anbieter oder Konstrukteur von Produkten, mit deren Bewertung oder Zertifizierung sie beauftragt werden sollen.

Die Zertifizierungsstelle muß [sic!] sicherstellen, daß [sic!] und dokumentieren wie das unter Vertrag genommene Personal und, falls zutreffend, dessen Arbeitgeber allen Anforderungen für Personal festgelegt sind, erfüllen."

---

[31] (DIN EN 45011, 1998 S. 16)
[32] Deutet an, dass eine unmittelbar vorangehende Stelle eines Zitats exakt so lautet, wie sie wiedergegeben wurde, und vom Zitierenden nicht geändert wurde.

IFS (International featured Standard) Version 5

Der International featured Standard (IFS) ist für alle Lebensmitteleinzelhändler und Großhändler entwickelt worden, die einen einheitlichen Standard zur Sicherstellung der Lebensmittelsicherheit und –qualität bei den von Ihnen vertriebenen **Eigenmarken** einsetzen wollen.

Tabelle 2: Anforderung an den Auditor nach IFS 5 (HDE, 2007 S. 79)

Anforderungen	IFS- Auditor	Erläuterungen/Anmerkungen
Zulassungsvoraussetzungen		
Ausbildung und Mindesterfahrung	X	1. Hochschul- bzw. Universitätsabschluss in einem lebensmittelbezogenen Studiengang (Bachelor/Master bzw. gleichwertiger Abschluss) und 2 Jahre Berufserfahrung innerhalb der Lebensmittelindustrie in einem lebensmittelnahen Bereich (Qualitätssicherung, Produktion, F&E o. Ä.); oder 2. Bewerber, die unmittelbar nach Abschluss eines Studiums in einem lebensmittelbezogenen Studiengang eine Tätigkeit als Auditor aufgenommen haben, müssen 5 Jahre Auditerfahrung innerhalb der lebensmittelverarbeitenden Industrie nachweisen; oder 3. Wenn ein Bewerber einen Hochschul- bzw. Universitätsabschluss (Bachelor/Master bzw. gleichwertiger Abschluss) vorweisen kann, dieser jedoch kein lebensmittelbezogener Studiengang ist, muss er über 5-jährige Berufserfahrung innerhalb der Lebensmittelindustrie in einem lebensmittelnahen Bereich (Qualitätssicherung, Produktion, F&E o. Ä.) verfügen; oder 4. Berufsausbildung in der lebensmittelverarbeitenden Industrie und 5 Jahre Berufserfahrung innerhalb der Lebensmittelindustrie in einem lebensmittelnahen Bereich (Qualitätssicherung, Produktion, F&E o. Ä.).
Allgemeine Auditerfahrung	X	Mindestens 10 vollständige Audits in der Lebensmittelindustrie sind durch den Auditor in den vergangenen 2 Jahren durchgeführt worden. Dabei haben die Audits in verschiedenen Unternehmen stattgefunden.
Schulung in Bezug auf Lebensmittelhygiene	X	Qualifizierte Schulung auf der Grundlage des Codex für Lebensmittelhygiene.
Kenntnisse über Qualitätssicherung und Qualitätsmanagement	X	Praktische Erfahrungen (während der Berufstätigkeit) und/oder theoretische Ausbildung (anerkanntes Training, Praktikum während der Hochschulausbildung usw.).
Arbeitssprache	X	Muttersprache und weitere Sprache(n) (Nachweis entsprechender Erfahrungen, z. B. von in der betreffenden Sprache durchgeführten Audits, Schulungen usw.).
Internes IFS-Training	X	Teilnahme an einer von der Zertifizierungsstelle organisierten IFS-Schulung.

Global Food Standard Version 5 des BRC (British Retail Consortium)

Konzipiert wurde der „Global Food Standard" Version 5 für den britischen Einzelhandel. Lebensmittelproduzenten, die für den britischen Einzelhandel produzieren, werden hiernach auditierte.

Ausbildung:

Der Auditor verfügt über einen Abschluss in einem lebensmittelspezifischen oder biowissenschaftlichen Fach, oder hat mindestens einen Kursus der höheren Bildung in einem lebensmittelspezifischen oder biowissenschaftlichen Fach abgeschlossen.

Berufserfahrung:

Der Auditor verfügt über mindestens fünf Jahre Erfahrung im Bereich der Lebensmittelindustrie nach der Ausbildung. Das schließt Aufgaben in Qualitätssicherung oder Lebensmittelsicherheit in den Bereichen Herstellung, Einzelhandel, Untersuchung oder Behörde mit ein. Der Auditor kann sein Verständnis und Wissen in den spezifischen Produktkategorien beweisen, für die er zugelassen wurde. Die Zertifizierungsstelle ist verantwortlich für die Verifizierung der Auditorenqualifikation in bestimmten Produktkategorien.

Qualifikation:

Der Auditor muss:

- einen registrierten Kursus in Managementsysteme-Auditleiter (z.B. IRCA) durchgeführt haben oder den BRC Third Party Auditor-Kurs, der von einem BRC-zugelassenen Schulungsleiter durchgeführt wird, bestanden haben.

- eine mindestens 2-tägige Schulung in HACCP (nachgewiesen durch Prüfung) abgeschlossen haben, auf Grundlage der Prinzipen des Codex Alimentarius, und seine Kompetenz im Verständnis und der Anwendung des HACCP-Prinzips beweisen können. Es ist notwendig, dass der HACCP-Kurs durch die Industrie (und ihre Interessenvertreter) als angemessen und relevant anerkannt ist.

Auditausbildung:

Der Auditor muss eine betreute Schulungs-Phase im praktischen Audit erfolgreich abgeschlossen haben, inklusive begleiteter Audits. Es sind insgesamt 10 Audits oder 15 Audittage zu absolvieren im Bereich Third-Party-Lebensmittelsicherheitsaudit nach Standards, die von der Global Food Safety Initiative (GFSI) anerkannt sind, nach ISO 22000 oder der ISO 9000-Reihe (in einem Lebensmittelunternehmen).

Die Zertifizierungsstellen müssen nachweisen können, dass jeder Auditor die entsprechende Schulung und Erfahrung für jene Kategorien hat, für die er eingesetzt werden soll.

Die Auditorenkompetenzen werden für alle Produktkategorien, die im BRC 5 aufgeführt sind aufgezeichnet.

Die Zertifizierungsstellen müssen Schulungsprogramme für jeden Auditor festlegen, die folgendes umfassen:

- einen Kurs zur Global Standard for Food Safety Awareness, angeboten von einem BRC-anerkannten Schulungsleiter.
- eine Phase von Einführungsschulungen, die Produktsicherheit, HACCP und Basiswissen umfassen und Zugang zu den relevanten Gesetzen und Verordnungen.
- Eine Phase der beaufsichtigten Ausbildung, mit der Qualitätsmanagementsysteme, Audittechniken und spezifisches Wissen zu der jeweiligen Produktkategorie abgedeckt werden.
- Bewertung von Wissen und Kompetenzen in der jeweiligen Kategorie.
- Dokumentierter Abschluss des zufriedenstellend absolvierten Schulungsprogramms.

QS Qualität und Sicherheit GmbH

Die QS ist ein stufenübergreifendes Prüfsystem in der Lebensmittelkette. Nach dem Motto: „form farm to fork", werden Lebensmittel vom Ursprung bis zur Ladentheke begleitet. Die Gebiete des QS umfasst unter anderem:

- Fleisch und Fleischprodukte
- Obst, Gemüse (Speisekartoffeln).

[33]**Vorgaben und Regeln für Auditoren (Auszug aus Leitfaden Zertifizierungsstellen (01.01.2008)**

Die Auditoren müssen fachspezifische Kenntnisse (definierte fachspezifische Grundausbildung) im Sinne der Norm **DIN EN 45011**, die für die Tätigkeit als Auditor in der entsprechenden Stufe relevant sind, nachweisen. Grundlage ist eine landwirtschaftliche bzw. Lebensmittel bezogene Ausbildung. Dazu gehört mindestens eine nachgewiesene mehrjährige branchenspezifische Berufserfahrung (mindestens 2 Jahre) in einem relevanten Bereich mit relevanter Funktion (Zeugnisse o. ä.). Eine alleinige Auditerfahrung ist keine fachliche Zusatzqualifikation.

Eine Neuzulassung als Auditor im QS-System ist nur möglich, wenn eine Auditorenausbildung von insgesamt mindestens 3 Tagen Dauer nachgewiesen wird. Themen, wie Grundlagen des Qualitätsmanagement, ISO 9001:2000. ISO 19011, EN 45011, Kommunikation und Audittechnik sollen in dem Kurs bearbeitet worden sein. Die Überprüfung der fachlichen Kenntnisse der neu zuzulassenden Auditoren, die über eine Zertifizierungsstelle bei der QS Qualität und Sicherheit GmbH angemeldet werden sollen, liegt in der Verantwortung der Zertifizierungsstelle (z. B. Fachgespräch). Grund- und Auditorenausbildung zusammen sollen die Auditoren befähigen, bei der Auditierung objektiv und gleichmäßig die Umsetzung der QS-Kriterien zu erfassen und zu bewerten.

Beispiele für fachliche Fähigkeiten sind:

- tiefgreifende Produkt- und Prozesskenntnisse
- Kenntnisse betreffend des Agrar-, Futtermittel- bzw. Lebensmittelrechts
- Kenntnisse des auditierten Gebietes und Auditverfahrens
- umfassende Kenntnisse des QS-Regelwerks und der Bewertungsgrundlagen
- Kenntnisse über die Auftragsabwicklung
- Beherrschung der Audittechnik

Neben der Grundausbildung und der Auditorenausbildung müssen die Auditoren über praktische Auditerfahrung verfügen. Bei Antragstellung auf Zulassung als Auditor bzw. Zulassungserweiterung im Rahmen des QS-Systems muss die vorherige bran-

---

[33] (vgl. QS Qualität und, 2008)

chenspezifische Auditerfahrung nachgewiesen werden (mind. 10 Audits in den vorherigen zwei Jahren jeweils pro Stufe (Futtermittel, Landwirtschaft, Erzeugung, Schlachtung/Zerlegung, Verarbeitung, Lebensmitteleinzelhandel, Fruchthandel), inkl. 3 Co-Audits QS im Rahmen der internen Schulung der Zertifizierungsstelle (bzw. abgestimmter Einarbeitungsplan bei Erstzulassung der Zertifizierungsstelle). Kombinierte Zulassungen für die Stufen Landwirtschaft/ Erzeugung in den Bereichen Fleisch und Fleischerzeugnisse und Frisches Obst, Gemüse und Kartoffeln sowie auf der Stufe Lebensmitteleinzelhandel in beiden Bereichen sind möglich. Für die Zulassung im Bereich Frisches Obst, Gemüse und Kartoffeln kann stufenspezifische, aber nicht branchenspezifische Auditerfahrung durch entsprechende Sachkundenachweise anerkannt werden. Die alleinige Durchführung von 10 Audits in einer Stufe ist keine Berechtigung zur Prüftätigkeit. Ebenso bedeutet Auditerfahrung in einer weiteren Stufe als der, für die der Auditor für Prüftätigkeiten im QS-System zugelassen wurde, keine Grundlage für eine Erweiterung der Zulassung. Für die Aufrechterhaltung der Zulassung in der jeweiligen Zulassungsstufe werden 10 QS-Audittage (und mindestens 5 Audits) pro Stufe und Jahr gefordert. Die Auditerfahrung soll die Auditoren befähigen, den Auditablauf soweit zu kennen, dass sie sich während des Audits auf inhaltliche Aspekte konzentrieren können.

Beispiele für praktische Fähigkeiten:

- sicherer Umgang mit den Checklisten
- analytische und objektive Beurteilungsfähigkeit des Zustandes während des Audits.

Kenntnisse und Fähigkeiten der Auditoren, Verhaltensregeln, Auditprinzipien

In jedem Audit ist der Auditor bestrebt Nachweise zusammenzutragen, die die Einhaltung der QS-Kriterien durch den Systemanwärter/Systempartner verifizieren (positiver Ansatz). Der Auditor hat als direkter Ansprechpartner für die Systemanwärter/Systempartner und „Botschafter" des QS-Systems eine besondere Stellung und Bedeutung. Daher müssen sich Auditoren im QS-System als qualifizierte Sachverständige für die jeweilige Stufe, in der sie für Prüftätigkeiten zugelassen sind, ausweisen. Darüber hinaus sind weitere menschliche Fähigkeiten wichtig, bestimmte Verhaltensregeln und festgelegte Auditprinzipien (gemäß **DIN ISO 19011**) müssen eingehalten werden.

ARS PROBATA GmbH

Als akkreditierte Zertifizierungsstelle für Lebensmittelsicherheitssysteme führt die ARS PROBATA GmbH Prüfungen und Zertifizierungen von Sicherheitssystemen in der Lebensmittelbranche und Ihren Grenzbereichen durch. Die Akkreditierung nach DIN 45011 ermöglicht es der ARS PROBATA GmbH kundenspezifische Lebensmittelsicherheitssysteme nach nationalen und internationalen Standards zu zertifizieren.

(ARS PROBATA GmbH) Stellenbeschreibung für Auditoren (Stand 2005)
Hauptaufgaben:

1. Fachaufgaben

   - Fachlich korrekte, auf der Grundlage des jeweiligen Standards (z. B. BRC) bzw. Prüfauftrages (z. B. Öko-VO, Rindfleischetikettierung) Erhebung der Ist- Situation und Erstellung eines Ergebnisberichtes entsprechend Vorgabe
   - Gewährleistung der objektiven, unabhängigen, vertraulichen und unparteiischen Arbeitsweise
   - Einhaltung der auftragsbezogenen Prüfungsvorgaben und aller damit verbundenen externen und internen Regelungen
   - Aktive Teilnahme an Maßnahmen der Weiterbildung
   - Absicherung der Vorbereitung der Audits

2. Ausführungsaufgaben

   - Ein planmäßiges, kontinuierliches Arbeiten mit der Verpflichtung, Termine einzuhalten.

3. Organisationsaufgaben

   - Organisatorische Absicherung der Auditdurchführung (einschließlich Vor- und Nachbereitung)

Sonstige Aufgaben:
   - Sicherung der Informationswege zum Büro der ARS PROBATA GmbH

Befugnisse:

   Unterschriftsbefugnisse
   - Der Stelleninhaber ist unterschriftsberechtigt für die technische Richtigkeit des Ergebnisberichts vor Ort bei den Kunden

Pflichten:

- erhaltene Informationen bei Vorliegen konkreter Regulierungen mit Unterschrift und Datum gegenzuzeichnen (z. B. Empfang von Kundendokumenten)
- Verpflichtung zur Weiterbildung
- Vermittlung eines ARS-PROBATA-Bildes in der Öffentlichkeit entsprechend der Unternehmensphilosophie
- Unaufgeforderte Meldung über mögliche Interessenskonflikte bei der Auftragsrealisierung

Stellenanforderungen:

1. fachliche Qualifikation
   - Voraussetzung sind eine geeignete fachliche Qualifikation auf einem Fachgebiet des Auditierungsgegenstandes und Berufserfahrung unter Beachtung der System-Standardanforderungen
2. Persönlichkeitsstruktur
   - Seriöse und souveräne Persönlichkeitsstruktur
   - Die Fähigkeit, eine strukturierte und sachlich/ konstruktive Auditierung durchzuführen.
   - Sowie Ausprägung von kommunikativen Fähigkeiten.

Resümee

Der Einblick zeigt eine starke Vielfalt an Anforderungen an den Auditor. Auf der Persönlichkeitsebene wie auch auf der fachlichen Ebene ist viel Kompetenz gefordert. Der Umgang mit Lebensmittelsicherheitssystemen (Codex Alimentarius) und die allgemeine Sensitivität für Produktsicherheit umfasst ein breites Feld. Dies fordert vom Auditor ein hohes Maß an Gewissenhaftigkeit und Versiertheit.

3. Erfassungsmöglichkeit für die theoretische Kompetenz

3.1 Analyseverfahren-Persönlichkeitstest

Um die Frage zu beantworten, welches das fähigste Verfahren ist, um die am Anfang genannten Ziele zu erreichen, muss man sich in den Bereich der Psychologie begeben. In der psychologischen Diagnostik ist es schon Gang und Gebe, mit Tests zu arbeiten, die die Eigenschaften der Probanden beschreiben und bewerten. Ob Leistungstests, Persönlichkeitsstrukturtests oder auch Typentests - alle sind praxiserprobt. Die Qualität der Tests reicht von wissenschaftlich fundiert bis nicht eindeutig nachvollziehbar.

Es gibt eine Vielzahl persönlichkeitsbeschreibender Tests. Eine gründliche Recherche ist hier unumgänglich. Hilfestellung bietet hier Fachliteratur, die sich mit beschreibenden Tests in der Wirtschaft beschäftigt.

Mögliche Quellen für geeignete Prüfmittel

[34]Zum einen findet man immer mehr auf den Berufsbereich ausgerichtete wissenschaftlich-standardisierte Testverfahren, die im Wesentlichen von bekannten Testverlagen angeboten werden (vor allem dem Hogrefe Verlag). Zum anderen ist eine große Anzahl von Beratungsgesellschaften auszumachen, die entweder aus dem Ausland lizenzierte oder selbst entwickelte Verfahren offerieren. Das Angebot umfasst vor allem Persönlichkeits-strukturtests (wie z. B. 16 PF-R, Schneewind & Graf, 1998) und Typentests (wie z. B. MBTI, Bents & Blank, 1995).

Für das Berufsbild des Auditors ist ein «berufsbezogener Persönlichkeitstest» sinnvoll. Ein Test dieser Art ist wie folgt definiert:

[35]*Bei einem berufsbezogenen Persönlichkeitstest handelt es sich um ein Fragebogenverfahren, das auf Basis einer Selbsteinschätzung eine mehrdimensionale Persönlichkeitsbeschreibung in Bezug auf berufsbezogene Merkmale ermöglicht.*

[35]Persönlichkeitstests fordern den Teilnehmer dazu auf, anhand der dargebotenen Aussagen oder Fragen eine Beschreibung der eigenen Verhaltensweisen, Gewohnheiten bzw. Charakterzüge vorzunehmen. Die Auswertung erfolgt dabei nicht auf der Basis richtiger oder falscher Antworten, sondern bezieht geringer oder stärker ausgeprägter Persön-lichkeitszüge mit ein.

---

[34] (vgl. Hossiep, et al., 2005 S. 1)
[35] (vgl. Hossiep, et al., 2005 S. 4)

[36]„**Was sind qualitativ aufschlussreiche Testfragen im Sinne eines berufs-bezogenen Persönlichkeitstests?**

Qualitativ aufschlussreiche Testfragen sind z. B. diejenigen, die vorhandene Unterschiede zwischen den Teilnehmern auch abbilden können. Nachfolgend ist hierzu das Beispiel einer Testfrage aus dem Bochumer Inventar zur berufsbezogenen Persönlichkeitsbe-schreibung (BIP; Hossiep & Paschen, 2003) aufgeführt:

Ich gelte als ein zurückhaltender Mensch (Item Nr. 138).

Begründung: Die Aussage ist leicht verständlich. Sie trennt sehr gut zwischen den Teil-nehmern. Sie hat einen hohen Zusammenhang mit der zugeordneten Skala (Kontaktfä-higkeit). Die Antworten verteilen sich gut um den Mittelwert der Antwortskala. Entgegen möglicher Vermutungen beschreiben sich viele Personen hier als durchaus zurückhal-tend.

Was sind qualitativ wenig aufschlussreiche Testfragen im obigen Sinne?

Beispiel: *Wenn ich mal verzweifelt bin, gelingt es mir auch immer wieder, mich aufzurich-ten.*

Begründung: Die Testfrage umfasst mehrere Einzelaussagen, die voneinander abhängig sind. Sie ist für einige Personen nicht eindeutig zu beantworten (Wie antworte ich, wenn ich nicht verzweifelt bin?). Die Beantwortung ist somit nur bei zustimmenden Antworten interpretierbar, bei Ablehnung allerdings nicht.

---

[36] (vgl. Hossiep, et al., 2005 S. 5)

3.2 Testeignung für die Wirtschaft

[37]Berufsbezogene Persönlichkeitsfragebögen dienen der anforderungsbezogenen Erfassung von außerfachlichen Kompetenzen im beruflichen Kontext. Unter diesem Konzept existieren sehr unterschiedliche Verfahren, die von sich behaupten, dieser Kategorie zu entsprechen. Testverfahren mit einem völlig anders ausgerichteten Entwicklungshintergrund wurden im Anwendungsfeld Wirtschaft eingesetzt, passen jedoch fachlich dort nicht hin (z. B. klinisch-psychologische Fragebogen wie der MMPI oder der FPI-R, die auch heute noch von Personalberatungen verwendet werden). Die Wirtschaft benötigt zudem Verfahren, die das Führungspotential und andere wirtschaftsrelevante Persönlichkeitseigenschaften ermitteln (siehe Abbildung 19). Zum Potenzial zählen nach dem gegenwärtigen Stand der psychologischen Forschung auch Komponenten der intellektuellen Leistungsfähigkeit und Lernfähigkeit bzw. Lernbereitschaft.

Für das Berufsbild des Auditors ist ein fundiertes wirtschaftsrelevantes Testverfahren nötigt. Auch wenn die Persönlichkeitsstruktur durch konventionelle medizinisch-psychologische Verfahren für den Auditor entwickelt werden kann, benötigt das Ergebnis dennoch die Implikation in den wirtschaftlichen Kontext. Das Potenzial eines Auditors soll genau ermittelt werden. Für eine fundierte Potenzialaussage ist in der Regel die diagnostische Betrachtung eines Lernprozesses erforderlich und nicht nur eine einmalige Datenerhebung zum Selbstbild der Person. Nach erteilten Maßnahmen sollte die Entwicklung des Auditors durch erneutes Testen verifiziert werden.

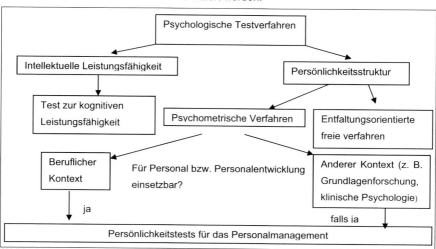

Abbildung 19: Zur Einordnung von Persönlichkeitstests für das Personalmanagement in die Thematik psychologischer Testverfahren (Hossiep, et al., 2005 S. 7)

---

[37] (vgl. Hossiep, et al., 2005 S. 7)

[38]Grundsätzlich ist festzustellen, dass die spezifische Ausprägung von bestimmten Persönlichkeitsmerkmalen in Interaktion mit einer bestimmten beruflichen Tätigkeit maßgeblich für berufliche Leistung, Zufriedenheit und nicht zuletzt für psychische und physische Gesundheit verantwortlich ist. Die Summe eines Bündels besonderer Eigenschaftsausprägungen trägt zum Gelingen bzw. zum Scheitern in einer beruflichen Position erheblich bei.

3.3 Betrieblicher Nutzen

[39]Der Nutzen von berufsbezogenen Persönlichkeitstests liegt in der *Optimierung von Entscheidungen*. Wie kann das Unternehmen eine Stelle optimal besetzen oder wie kann das Unternehmen eine Stellenplatzierung noch optimieren? Die Betriebliche Zielerreichung hängt wesentlich vom gut platzierten Personal ab. Zur Verbesserung der Zielerreichung dienen unter anderem Coachingverfahren. Dies ist zur Auditorenbewertung wesentlich.

[40]Für Rentabilitätsüberlegungen von Unternehmen sind die finanziellen Folgewirkungen von Personalentscheidungen in der Tat die wirklich relevante Stellgröße, das heißt letztlich gilt es zu verdeutlichen, dass Personalentscheidungen aus Unternehmenssicht stets eine erhebliche personenbezogene Investition darstellen, und sich der Einsatz des psychologischen Methodeninventars über Kostenvorteile eindrucksvoll rechtfertigen lässt. Auch der Auditor ist eine finanzielle Rechengröße für die Zertifizierungsstelle, egal ob freier Mitarbeiter oder Festangestellter. Eine falsche Besetzung fordert einen hohen Aufwand an Investition bzw. Kompensation.

---

[38] (vgl. Hossiep, et al., 2005 S. 8)
[39] (vgl. Hossiep, et al., 2005 S. 9, 10)
[40] (vgl. Hossiep, et al., 2005 S. 11)

[41]Im Allgemeinen ist davon auszugehen, dass die schädlichen Auswirkungen auf die gesamte Volkswirtschaft allein in der Bundesrepublik Deutschland durch das Unterlassen von wissenschaftlich psychologisch-gestützten Personalauswahlmaßnahmen pro Jahr mit einem mehrfachen zweistelligen Milliardenbetrag zu beziffern sind. Abbildung 20 zeigt das Beispiel einer Nutzenrechnung für einen Managementposition.

Formel: $\Delta U = N_A \cdot T \cdot r_{xy} \cdot \overline{Z_x} \cdot SD_y - C \cdot N_B$

Berechnungsbeispiel:

Mittlerer Personalkostenaufwand: € 150.000 p.a.   Selektionsquote: 20 %

N_A	1	Nettonutzen des Personalauswahlprogramms in Geldeinheiten
T	10	Betriebszugehörigkeit in Jahren
r_{xy}	.40	Validitätskoeffizient
$\overline{Z_x}$	1,4	mittlerer standardisierter Prädiktorwert der ausgewählten Bewerber nach Naylor-Shine-Tabelle
SD_y	75.000	geschätzte Standardabweichung der Berufsleistung in Geldeinheiten (50 % der Personalaufwendungen)
C	1.000	Kosten der Auswahl pro Bewerber
N_B	in Euro	410.000,- Nutzenzuwachs durch Einsatz eines validen Auswahlverfahrens

Abbildung 20: Berechnung des Nutzenzuwachses (in Euro) durch Einsatz eines validen Auswahlverfahrens am Beispiel einer Managementposition (Hossiep, et al., 2005 S. 12)

[42]Typische Fragen bei prinzipiell geeigneten Kandidaten lauten z. B.: „Welchen Aufwand müssen wir betreiben, um die Entwicklungsfelder aufzuarbeiten?" oder „Ist der spezifische, in der Persönlichkeit des Kandidaten liegende Schwachpunkt durch Coaching hinreichend zu kompensieren?" Gerade zu diesen Fragen liefert der Einsatz geeigneter Persönlichkeitstests, verbunden mit strukturierten, biografischen Interviewsequenzen sehr häufig aufschlussreiche Informationen.

---

[41] (vgl. Hossiep, et al., 2005 S. 12)
[42] (vgl. Hossiep, et al., 2005 S. 12, 13)

3.4 Wichtige Größen für die Beurteilung von Tests

[43]Die sogenannten Testgütekriterien umfassen unterschiedliche Kennwerte, die sich im Laufe der empirisch-wissenschaftlichen Testentwicklungsgeschichte (seit etwa 1900) herausgebildet und weiterentwickelt haben. Teilweise erfolgt ihre Weiterentwicklung auf Basis neuerer statistischer Methoden. Die Testgütekriterien sind ein maßgebliches Kriterium für die Qualität eines Verfahrens. Die Kernfrage nach der erforderlichen Höhe eines Kennwertes kann nicht eindeutig beantwortet werden. Sie lässt sich aber ableiten aus dem, was andere Verfahren ähnlichen Geltungsbereiches und ähnlicher Methodik erreichen. Vor diesem Hintergrund lassen sich Bandbreiten für die Kennwerte abschätzen. Die folgende Aufstellung gibt einen Überblick und zeigt wichtige statistische Kenndaten für einen Test.

➢ *Objektivität*

[44]Der Grad, in dem die Ergebnisse eines Tests unabhängig vom Untersucher sind, und zwar hinsichtlich 1. *Durchführung* (Testleiterunabhängigkeit), 2. *Auswertungsprozedur* (Verrechnungssicherheit) und 3. *Interpretation* (Interpretationseindeutigkeit).

Praktische Bedeutung: Es sollten genaue Vorgaben zur Durchführung, Auswertung und zur Interpretation (z. B. in Form von Normierungstabellen) angegeben werden.

➢ *Reliabilität* (Zuverlässigkeit)

[44]Der Grad der Genauigkeit, mit dem ein Test ein bestimmtes Persönlichkeits- oder Verhaltensmerkmal misst, und zwar hinsichtlich Zuverlässigkeit und Fehlerfreiheit. Ein Messverfahren ist zuverlässig, wenn Wiederholungsmessungen zu gleichen Ergebnissen führen – innerhalb präzise berechneter Abweichungen.

Praktische Bedeutung: Es sollte nicht nur die sogenannte interne Konsistenz aller Aussagen innerhalb einer Testskala belegt werden (meist mit dem sogenannte Kennwert „Cronbachs Alpha"). Es sollten auch Angaben zur wichtigeren Zuverlässigkeit bei Testwiederholung gemacht werden (Retest-Reliabilität).

- Die interne Konsistenz einer Skala ist durch einheitlich-ähnliche Aussagen relativ gut herstellbar und daher bedeutsam, aber nicht hinreichend für die Zuverlässigkeit eines Tests.
- Die Retest-Reliabilität ist aussagekräftiger. Je länger der dazwischen liegende Zeitraum (zwischen mehreren Wochen und mehreren Jahren), und je größer die

---

[43] (vgl. Hossiep, et al., 2005 S. 35, 36)
[44] (vgl. Hossiep, et al., 2005 S. 36)

Stichprobe, desto besser wird eine Einschätzung der Zuverlässigkeit möglich sein. Eine Bewertung der Stichprobengröße ist allerdings von Faktoren, wie z. B. Homogenität abhängig.

> *Validität* (Gültigkeit)

[45]Die Validität beschreibt die Belastbarkeit und Gültigkeit einer Annahme über die Kausalzusammenhänge (inwieweit misst das Testinstrument das, was es messen soll oder inwieweit trifft es zu, dass „X" und „Y" sich gegenseitig beeinflusst). Ein Messverfahren ist gültig, wenn Gegenstand oder Sachverhalt der Messung durch Beobachtung und Experiment sicher identifiziert und klassifiziert werden können.

Praktische Bedeutung: Wichtig für die praktische Relevanz eines Verfahrens sind nicht nur Angaben zur Konstrukt-, sondern zusätzlich auch zur Kriteriumsvalidität. Diese sollten im Idealfall nicht nur aus Forschungsreihen, sondern auch aus in der Praxis erhobenen Daten stammen, wobei eine ausreichende Stichprobengröße und die Bedingungen der Datenerhebung zu beachten sind. Es ist günstig, wenn die Teilnehmer aus Untersuchungen möglichst gut der späteren Zielgruppe entsprechen und die Untersuchungen ausreichend aktuell sind (nicht mehrere Jahrzehnte alt). Hilfreich sind über einzelne Kennwerte hinaus solche Angaben, aus denen man die Bedeutung der einzelnen Testskalen für verschiedene Kriterien ablesen kann.

Zusammenfassend ist festzustellen, dass detaillierte Angaben der angegebenen Kennwerte zur Beurteilung der Gültigkeit von Testverfahren unbedingt erforderlich sind.

> *Nebengütekriterien*

[46]Ein Test sollte darüber hinaus

1. *normiert* (z. B. einen Vergleich zu einer relevanten Zielgruppe ermöglichen),
2. *vergleichbar* (z. B. einen Abgleich mit ähnlichen Verfahren erlauben),
3. *ökonomisch* (z. B. möglichst kosten- und zeitgünstig durchführbar),
4. *nützlich* (z. B. einen relevanten zusätzlichen Beitrag zur betreffenden Frage leisten) sowie
5. *zumutbar und fair* sein (z. B. nicht unnötig in die Privatsphäre der Teilnehmer eindringen und als gerecht erlebt werden).

---

[45] (vgl. Hossiep, et al., 2005 S. 37, 38)
[46] (vgl. Hossiep, et al., 2005 S. 38)

Darüber hinaus können bzw. sollten persönlichkeitsorientierte Verfahren, die im wirtschaftlichen Kontext eingesetzt werden, noch über zahlreiche Nebennutzen-Aspekte verfügen, wie z. B.: die Ermöglichung konsensorientierter Personalentscheidungen und Dokumentation der Bedeutung von Personalrekrutierung und -entwicklung.

3.5 Kurzgefasste Betrachtungsweise zur Prüfmethodik

Tabelle 3 beinhaltet relevante Punkte, die zur Auswahl des geeigneten Prüfsystems führen sollen. Jedes Prüfsystem besitzt ein Profil. Diese ist zu interpretieren, um Stärken und Schwächen eines Systems zu erkennen. Davon hängt es ab, ob ein Test den gewünschten Nutzen erzielen wird. Eine Empfehlung zur Vorgehensweise ist in Tabelle 3 als eine Art Checkliste implementiert.

Tabelle 3: Checkliste zur Profilinterpretation von Persönlichkeitstests (Hossiep, et al., 2005 Anhang)

Checkliste zur Profilinterpretation von Persönlichkeitstests	
Das Ergebnis selbst	1. **Begutachtung des Ergebnisses** - Ist das Ergebnis korrekt berechnet, in sich plausibel/zeigen sich Widersprüche? - Durchsicht von Fragebogen, Rechenschritte zu den einzelnen Skalen, Ergebnisprofil bzw. Typen 2. Gibt es extreme Ausprägungen, oder Widersprüche bei den Antworten? Was ergibt sich daraus? 3. Welche Rückfragen an den Teilnehmer ergeben sich aus den o. g. Punkten? (ggf. Notizen anlegen)
Abgleich Selbst-/Fremdbild	4. Abgleich des Ergebnisses mit anderen Eindrücken - Wie authentisch ist die Selbsteinschätzung? - Wie passt sie zum Fremdbild (z. B. Interview, Arbeitsproben)? - Wie realistisch ist die Selbsteinschätzung? - Wo liegen „blinde Flecken"? - Wo bestehen innere Konflikte? Wie aufwändig wird deren Bearbeitung? (Training, Coaching ...) - ...
Abgleich mit Anforderungen	5. Abgleich mit den Positionsanforderungen - Wie gut wird der Teilnehmer mit den derzeitigen Kompetenzen die Ziele erreichen? - Gibt es Potenziale für andere/weitergehende Aufgaben? - Können Defizite derzeit durch anderweitige Stärken ausgeglichen werden? - Wie selbstständig wird der Teilnehmer seine Entwicklung voraussichtlich vorantreiben? - Wie aufwändig/langwierig wird die Entwicklungsarbeit voraussichtlich?
Feedback	6. Welche weiteren Rückfragen an den Teilnehmer ergeben sich? (Notizen ggf. vervollständigen) 7. Umgang des Teilnehmers mit dem Ergebnis beobachten - Wie gut versteht er, worum es geht? - Wie gut kann er mit positivem/negativem Feedback umgehen? - Wie lernbereit geht er mit den Ergebnissen um?

Nach dem gewonnen Profil aus Tabelle 3, ist die Seriosität ins Blickfeld zu holen. Tabelle 4 gibt hierzu einen Leitfaden, wie dies zu bewältigen ist.

Tabelle 4: Seriöser Persönlichkeitstest oder mangelhaftes Verfahren - Fragen Testauswahl (Hossiep, et al., 2005 S. Anhang)

Seriöser Persönlichkeitstest oder mangelhaftes Verfahren – Fragen zur Testauswahl
(modifiziert nach Hossiep et al., 2000, S. 51 f.)

Testkonzeption und –entwicklung

1. Ist der in Frage kommende Test auf der Grundlage psychologisch-wissenschaftlicher Erkenntnisse konstruiert worden? Inwieweit sind die Testautoren auf diesem Gebiet nachweislich qualifiziert?
2. Ist der Test in der Lage, die für die jeweilige Fragestellung relevanten Dimensionen zu erfassen? (Bzw. lässt sich ein eindeutiger Bezug zu den Testergebnissen herstellen?)
3. Liegen für den Test Bewährungsstudien hinsichtlich vergleichbarer Entscheidungssituationen vor?/Können frühere Anwender nach deren Erfahrungen befragt werden?
4. Wird das Verfahren über einen seriösen Anbieter (z. B. wissenschaftlicher Testverlag) vertrieben? Kann der Anbieter die für den Prozess nötige Unterstützung liefern?
5. Liegen Vergleichsgruppen vor, die für den Prozess sinnvoll sind (z. B. nicht überwiegend Studenten in der Vergleichsgruppe)? (Orientierungsgröße: mindestens 300 Personen je Normgruppe)?
6. Ist die Zuverlässigkeit (Reliabilität) des Tests zufriedenstellend? (Orientierungsgrößen: Interne Konsistenz (Cronbach's alpha) > .7, Retest-Reliabilität > .6)
7. Gibt es Hinweise auf die Gültigkeit des Tests (Validität)? (Orientierungsgröße: Bei Persönlichkeitstestverfahren sollten die zur Interpretation herangezogenen Koeffizienten mindestens .2 betragen und statistisch signifikant sein. Höhere Korrelationen sind wünschenswert, extrem hohe Korrelationen (z. B. r > .7) sollten jedoch skeptisch machen - bei seriöser Datenauswertung sind sie kaum erzielbar.)
8. Steht die Anzahl der erfassten Merkmale in sinnvoller Relation zur Anzahl der Testfragen? (Jede Skala sollte durch mindestens 5 Items repräsentiert sein.)

Testmaterial

9. Werden Testentwicklung, Durchführung und Auswertung genau und ausführlich dokumentiert?
10. Werden Anwendungsbereiche und -grenzen nachvollziehbar definiert?
11. Werden die bisherige Befundlage und Erfahrungswerte zu dem Verfahren transparent gemacht und überprüfbar kommuniziert? (Z. B. durch Veröffentlichungen in anerkannten Fachzeitschriften oder Fachverlagen, oder liegen lediglich selbst zusammengestellte Unterlagen des Vertreibers vor)
12. Sind die Instruktionen an die Teilnehmer exakt spezifiziert (wie z. B. bei Einzel- und Gruppendurchführungen vorzugehen ist)?

Durchführung

13. Sind die Voraussetzungen für eine sinnvolle Testanwendung hinreichend exakt beschrieben?
14. Werden alle Durchführungsschritte praxisnah und vollständig dargestellt?
15. Werden ausreichende und plausible Hinweise zur Gestaltung der diagnostischen Situation gegeben?
16. Ist das Verfahren für die Testteilnehmer in der vorgeschlagenen Anwendungssituation (z. B. Personalauswahl) akzeptabel (u. a. keine Fragen zur Intimsphäre)?
17. Sind die einzelnen Testfragen insoweit transparent, als der Teilnehmer zutreffend abschätzen kann, welche Verhaltensaspekte die jeweilige Frage erfassen soll - oder erscheinen die Zusammenhänge zwischen der Testfrage und dem interessierenden Persönlichkeitszug „verstiegen" und eher abwegig?
18. Kann dem Kandidaten mitgeteilt werden, welches bzw. welche Verfahren Anwendung gefunden haben oder sieht das Instrument eine Geheimhaltung vor?

Auswertung

19. Liegen Anweisungen und Instrumente (z. B. Schablonen oder EDV-Programme) zur standardisierten Auswertung vor? Sind diese einsehbar - oder besteht eine „Black Box", die dem Anwender vorenthalten wird?
20. Werden Auswertungsbeispiele gegeben?
21. Sind alle Auswertungsschritte eindeutig und mit ausreichender Genauigkeit beschrieben?

Interpretation und Rückmeldung

22. Existieren ausführliche und plausible Interpretationshilfen?
23. Werden Interpretationsbeispiele angeführt?
24. Sieht das Verfahren ausdrücklich eine Rückmeldung an die Testteilnehmer vor und gibt entsprechende Hilfen?

3.6 Die engere Auswahl

16 Persönlichkeits-Faktoren-Test (16 PF-R)

[48]Der 16 Persönlichkeits-Faktoren-Test (16 PF-R; Schneewind & Graf, 1998) wurde in den 40er Jahren des 20. Jahrhunderts vom bekannten amerikanischen Psychologen Raymond Cattell in seiner ersten Version vorgestellt. Sein Ziel war die Entwicklung eines Verfahrens zum Einsatz in Forschung und Praxis (siehe Tabelle 5), das die gesamte Persönlichkeit umfassend beschreiben kann. Der Ursprung des 16 PF-R liegt also in der Forschung. Kennzeichnend für den 16 PF-R ist, dass die Aufteilung der Persönlichkeitsdimensionen nicht nach inhaltlichen Gesichtspunkten, sondern mit einem statistischen Verfahren erfolgte (Faktorenanalyse), welches die 16 Faktoren erbrachte, die dem Test auch seinen Namen geben. Dies führt bis heute bei allen Versionen des 16 PF-R mitunter dazu, dass der Anwender die Zuordnung von Fragen zu Testskalen und die Zusammenstellung der Testskalen als weniger plausibel erleben kann.

Der 16 PF-R hat einen sehr großen Bekanntheitsgrad erreicht und wird seit Jahrzehnten in verschiedenen Versionen eingesetzt. Er ist auch in zahlreichen wissenschaftlichen Studien verwendet worden, vorwiegend im englischsprachigen Raum. Seit mehreren Jahrzehnten wird der Test auch in der deutschsprachigen Version im berufsbezogenen Kontext erfolgreich eingesetzt. Die aktuelle revidierte Version des Tests stammt aus dem Jahr 1998. Überarbeitet wurden sowohl die Bezeichnung der einzelnen Persönlichkeitsskalen als auch die Testfragen. Darüber hinaus wurde eine aktuelle Vergleichsgruppe vorgelegt.

Empfehlung zum 16 PF-R: Durch die differenzierte Herangehensweise empfiehlt sich dieses Verfahren für Einsätze, bei denen die *Persönlichkeit des Teilnehmers differenziert betrachtet werden soll (z. B. Auswahl- und Platzierungsfragen)*. Hierfür ist ein *qualifizierter Anwender erforderlich*, der das Verfahren kennt und die Ergebnisse einordnen kann. Wenn unter anderem anhand der Ergebnisse weitreichende Entscheidungen über Personen getroffen werden, sollte der 16 PF-R nicht als alleiniges Instrument eingesetzt werden (siehe Tabelle 6).

---

[48] (vgl. Hossiep, et al., 2005 S. 40, 41)

Tabelle 5: Kurzinformation zum 16 PF-R (vgl. Hossiep, et al., 2005 S. 42)

Art	Persönlichkeits-Struktur-Test, der die Persönlichkeit umfassend
Kennzeichen	- Nach wissenschaftlichen Kriterien entwickelt - Wissenschaftlich durch zahlreiche Untersuchgen abgesichert - Für den Einsatz in psychologischer Forschung und Praxis Entwickelt, nicht speziell für den Berufskontext - Verlangt einen Qualifizierten Anwender, um sein Potential zu entfalten
Umfang und Ergebnisse	- 184 Items werden im Ergebnis zu 16 Primärdimensionen zusammengefasst (9 bis 13 Items pro Skala) - Abbildung der Ergebnisse auf fünf Globaldimensionen möglich (Testmanual S.7)
Antwortformat	3-stufige Antwortskala (forced-choice mit dritter, indifferenter Antwortmöglichkeit)
Besonderheit	- Intelligenz-Skala integriert (Logisches Schlussfolgern) mit 13 Fragen (Testmanual S.13) - Soziale-Erwünschtheits-Skala (Impression Management) mit 10 Fragen Testmanuel S. 13), z. B. Item 17: „Ich habe schon Dinge gesagt, die andere gekränkt hat" (Antwortmöglichkeiten: a. stimmt, b. ?, c. stimmt nicht) - Einsatz als Einzel- und Gruppentest
Einsatzgebiet	- Personalauswahl, - Personalentwicklung, - Berufliche Beratung, - Coaching
Bearbeitungsdauer	ca. 45 min, keine Zeitbegrenzung
Auswertungszeit/-arten	- Von Hand, mit Auswertungsschablonen: ca. 15 – 30 Minuten - Mit der PC-Version (Hogrefe-TestSystem) ca. 1 Minute - Testauswerteservice Apparatezemtrums des Hogrefe Verlag per Telefax und E-Mail

Tabelle 6: Ausgewählte Testgütekriterien des 16 PF-R (Hossiep, et al., 2005 S. 44)

Bewertung des 16 PF-R	
Vorteile und Chancen des Testes für den Einsatz im Berufskontext	
- Nach wissenschaftlichen Standards entwickelt - Frei erhältlich ohne Lizenzierungen - Beschreibt die Persönlichkeit umfassend, dadurch hilfreich zur Gewinnung eines Überblicks in Auswahl- und Entwicklungsprozessen - Umfangreiche und aktuelle Vergleichsgruppe vorhanden - Seminarangebote zur Anwendung/Interpretation - Testauswerteservice wird angeboten	
Grenzen des Tests für den Einsatz im berufsbezogenen Kontext	
- Einige Testfragen für Berufskontext weniger passend - Bedingt durch das Konstruktionsprinzip Abgrenzung der Testskalen untereinander z. T. weniger plausibel - Schriftliche Unterlagen (z. B. Report) zur Erläuterung des Ergebnisprofils sind nicht erhältlich - Für den Teilnehmer gibt es keine Informationsbroschüren bzw. Anwendungshilfen	
Soziale Validität im berufs-bezogenen Einsatz	- Das Verfahren ist im berufsbezogenen Kontext einsetzbar - Durch die Revision 1998 wurden die Testfragen und vor allem die Skalenbezeichnungen besser verständlich und kommunizierbar

NEO-Persönlichkeitsinventar nach Costa und McCrac NEO-PI-R

[49]Das NEO-Persönlichkeitsinventar nach Costa und McCrac (Ostendorf & Angleitner, 2004) stellt die ausführlichere Form zur Erfassung der Big-Five Persönlichkeitsfaktoren dar (siehe Tabelle 7). Es unterscheidet sich von NEO-FFI unter anderem durch eine große Vergleichsgruppe von über 11.000 Personen sowie durch eine Kurzfassung zur Fremdbeurteilung (Form F). Jeder Skala sind sechs Facetten zugeordnet, für die im Ergebnisprofil neben den fünf Persönlichkeitsfaktoren auch ein eigener normierter Ergebniswert ausgewiesen wird (siehe Tabelle 8). Die folgende Tabelle gibt eine Übersicht über die verschiedenen Facetten.

Tabelle 7: Persönlichkeitsbereiche und zugeordnete Facetten beim NEO-PI-R (Big Five) (Hossiep, et al., 2005 S. 56)

Neurotizismus (N)	Extraversion (E)	Offenheit für Erfahrungen (O)	Verträglichkeit (A)	Gewissenhaftigkeit (C)
Ängstlichkeit	Herzlichkeit	Offenheit für Fantasie	Vertrauen	Kompetenz
Reizbarkeit	Geselligkeit	Offenheit für Ästhetik	Freimütigkeit	Ordnungsliebe
Depression	Durchsetzungsfähigkeit	Offenheit für Gefühle	Altruismus	Pflichtbewusstsein
Soziale Befangen-heit	Aktivität	Offenheit für Handlungen	Entgegenkommen	Leistungsstreben
Impulsivität	Erlebnishunger	Offenheit für Ideen	Bescheidenheit	Selbstdisziplin
Verletzlichkeit	Frohsinn	Offenheit des Werte- und Normensystems	Gutherzigkeit	Besonnenheit

---

[49] (vgl. Hossiep, et al., 2005 S. 56)

Empfehlung zum NEO-PI-R: Für die Persönlichkeit grundlegend umfassende Herangehensweise empfiehlt sich dieses Verfahren für Einsätze, bei denen die Persönlichkeit des Teilnehmers differenziert betrachtet werden soll (z. B. Auswahl- und Platzierungsfragen). Hierfür ist ein qualifizierter Anwender erforderlich, der das Verfahren kennt und die Ergebnisse einordnen kann. Da einige Testaussagen für den Berufskontext wenig angemessen sind, sollte der Einsatz vor diesem Hintergrund geprüft werden. Wenn unter anderem anhand der Ergebnisse weitreichende Entscheidungen über Personen getroffen werden, sollte der NEO-PI-R nur als eines von mehreren Verfahren eingesetzt und gegebenenfalls um berufsbezogene Instrumente ergänzt werden. Auf Grund der längeren Bearbeitungszeit und der differenzierten Betrachtung der Persönlichkeit, ist der Einsatz dort weniger empfehlenswert, wo in einem kürzeren Zeitabschnitt ein grundlegendes Verständnis für die Unterschiedlichkeit der menschlichen Persönlichkeit geschaffen werden soll (z. B. einmaliges Verhaltenstraining).

Tabelle 8: Kurzinformation zum NEO-Persönlichkeitsinventar (NEO-PI-R) (Hossiep, et al., 2005 S. 57)

Art	Ausführlicher Persönlichkeits-Struktur-Test, der die Beschreibung des Teilnehmers anhand fünf grundlegender Persönlichkeitsfaktoren ermöglicht (mit jeweils 6 Unterfacetten)
Kennzeichen	- Nach wissenschaftlichen Kriterien entwickelt - Basiert auf dem aktuellen Stand der Forschung zu grundlegenden Persönlichkeitsfaktoren - Für den Einsatz in Forschung und Praxis entwickelt, nicht speziell für den Berufskontext
Umfang und Ergebnisse	- 240 Fragen, die im Ergebnis 5 Testskalen mit jeweils 6 Facetten zusammengefasst werden (Testmanual, S. 9, 34ff.)
Antwortformat	5-stufige Antwortskala (Rating-Skala)
Besonderheit	- Informationsblatt zu den 5 Persönlichkeitsfaktoren für Teilnehmer - Ausführliche Informationsbroschüre zu den Persönlichkeitsfaktoren und den Facetten - Drei kurze Validitäts-Kontrollfragen (Beispiel: „Ich habe mich bemüht , alle Fragen ehrlich und zutreffend zu beantworten")
Einsatzgebiete	- Eingeschränkt Personalauswahl - Berufliche Beratung, Coaching, Training
Bearbeitungsdauer	ca. 30-40 Minuten, keine Zeitbegrenzung (Testmanual, S. 17)
Auswertungszeit/ - Arten	- Von Hand, mit dem Durchschreibebogen, ca. 10-15 Minuten („Brickenkamp", S. 967; Testmanual keine Angaben) - Mit der PC-Version (Hogrefe-TestSystem) ca. 1 Minute

---

[50] (vgl. Hossiep, et al., 2005 S. 56, 57)

Bochumer Inventar zur berufsbezogenen Persönlichkeitsbeschreibung (BIP)

[51]Das Bochumer Inventar zur berufsbezogenen Persönlichkeitsbeschreibung wurde seit 1995 mit dem Ziel entwickelt, ein berufsbezogenes und umfassendes Instrument für den Einsatz im Berufskontext zur Verfügung zu stellen (siehe Tabelle 9). Grundlage sind wissenschaftlich abgesicherte Persönlichkeitsmerkmale, die im Berufsleben von Bedeutung sind. Das BIP wird vom Projektteam Testentwicklung an der Ruhr - Universität Bochum fortlaufend weiterentwickelt und durch Erweiterungslösungen ergänzt. Kennzeichnend für das BIP sind sein Berufsbezug, große Vergleichsgruppen von über mehreren tausend Berufstätigen sowie seine Transparenz in Testfragen und Skalen (siehe Tabelle 10). Damit soll eine gute Verständlichkeit und Kommunizierbarkeit erreicht werden.

[52]**Empfehlung zum BIP:** Durch die ausführliche, die Persönlichkeit umfassende Herangehensweise empfiehlt sich dieses Verfahren für Einsätze, bei denen die Persönlichkeit des Teilnehmers in Ihrer Gesamtheit berufsbezogen betrachtet werden soll (z. B. Auswahl- und Platzierungsfragen). Hierfür ist ein qualifizierter Anwender erforderlich, der das Verfahren kennt und die Ergebnisse einordnen kann. Wenn unter anderem anhand der Ergebnisse weitreichende Entscheidungen über Personen getroffen werden, sollte der BIP nur als eines von mehreren Instrumenten eingesetzt werden. Auf Grund der Ausführlichkeit des Verfahrens ist ein Einsatz dort weniger empfehlenswert, wo in einem kürzeren Zeitabschnitt lediglich ein grundlegendes Verständnis für die Unterschiedlichkeit der menschlichen Persönlichkeit geschaffen werden soll (z. B. einmaliges Verhaltenstraining).

---

[51] (vgl. Hossiep, et al., 2005 S. 65, 66)
[52] (vgl. Hossiep, et al., 2005 S. 66)

Tabelle 9: Kurzinformation zum Bochumer Inventar zur berufsbezogenen Persönlichkeitsbeschreibung (BIP) (Hossiep, et al., 2005 S. 66, 67)

Art	Persönlichkeits-Struktur-Test, der für den Einsatz im berufsbezogenen Bereich entwickelt wurde und die Persönlichkeit mit 14 Skalen umfassend beschreibt
Kennzeichen	- Nach wissenschaftlichen Kriterien entwickelt - Überwiegend wissenschaftlich abgesicherte Merkmale - Für den Einsatz im Berufskontext entwickelt - Verlangt einen qualifizierten Anwender, um sein Potenzial zu entfalten
Umfang und Ergebnisse	- 210 Fragen die in 14 Testskalen zusammengefasst werden; die Skalen sind in 4 Bereiche gegliedert (Berufliche Orientierung, Arbeitsverhalten, Soziale Kompetenzen, Psychische Konstitution) mit 12-16 Items pro Skala (Selbstbeschreibung) - Fremdbeschreibung, die 14 Skalen werden mit jeweils 3 Items erhoben - Schriftliche Ergebniszusammenfassung (Report) bei Computer-, Fax- und Online-Auswertung möglich
Antwortformat	6-stufige Antwortskala (Rating-Skala)
Besonderheiten	- Informationsbroschüren für die Testteilnehmer zur Erläuterung des Verfahrens zur Einordnung der Ergebnisse - Informationsbroschüre zum Abgleich von Selbst-/Fremdbild
Einsatzgebiete	- Personalauswahl und –platzierung - Beratung, Coaching, Training
Bearbeitungs-dauer	ca. 45-60 Minuten
Auswertungs- zeit/-arten	- Von Hand, mit Auswertungsschablonen, ca. 20 Minuten - Mit der PC-Version (Hogrefe-TestSystem) ca. 1 Minute - Testauswerteservice des Apparatezentrums des Hogrefe Verlags (per Telefax/E-mail) - Online-Teilnahme über das Apparatezentrum
Soziale Validität im berufsbezogenen Einsatz	- Befragungen zeigen Akzeptanz der Teilnehmer für Personalauswahl, Beratung und Coaching (Manual, S. 117-119) - Positiv für die Akzeptanz sind transparente Testfragen, erkennbarer Berufsbezug sowie gut kommunizierbare Testskalen

Tabelle 10: Bewertung des BIP nach Hossiep (Hossiep, et al., 2005 S. 70)

Bewertung des BIP
Vorteile und Chancen des Tests für den Einsatz im Berufskontext
- Nach wissenschaftlichen Standards entwickelt - Frei erhältlich ohne Lizenzierung - Beschreibt die Persönlichkeit umfassend - Umfangreiche und aktuelle Vergleichsgruppen von Berufstätigen - (Normierung), auch spezifische Nonnen wie z. B. Vertrieb, Geschäftsführer - Seminarangebote zur Anwendung/Interpretation - Testauswerteservice vorhanden - Schriftliche Ergebniszusammenfassung (Report aus Textbausteinen) zum Ergebnisprofil vorhanden - Für den Teilnehmer gibt es Informationsbroschüren
Grenzen des Tests für den Einsatz im berufsbezogenen Kontext
- Teilnehmer sollten über (erste) berufliche Erfahrungen verfügen, um die berufsbezogenen Testaussagen bewerten zu können (vom Niveau her reichen hierzu z. B. längere studienbegleitende Praktika aus)

3.7 Erfassung theoretischer Fachkompetenz

Die Fachkompetenz lässt sich durch die Sammlung und den Abgleich mit den hier vorge-stellten Quellen (siehe 2.2 spezifische Vorgaben an den Auditor) ermöglichen. Ein eigens entwickeltes System (siehe unter 4.1 Ausgewählte Methode) schafft die Möglichkeit zur Bewertung und zum Vergleich. Dies kann ein spezifisches Ergebnis wiederspiegeln. Diese Methode ist ein hilfreiches Mittel bei der Suche nach geeigneten Auditoren und deren Qualifikationserweiterung. Bei bereits ausgeübter Tätigkeit in einem Prüfsystem, ist die Eignung (Qualifikation) schon nachgewiesen. Ein erneuter Nachweis von Fachkompe-tenz ist daher nicht von Nöten.

3.8 Rechtliche Rahmenbedingungen

[53]Der Arbeitgeber ist verpflichtet, die Persönlichkeit des Bewerbers zu achten. Ein Verstoß gegen dieses allgemeine Persönlichkeitsrecht liegt vor bei Eingriff in die Individual-, Privat- oder Intimsphäre vor (siehe Abbildung 21). Je tiefer in eine Ebene eingedrungen wird, umso stärker ist sie gesetzlich geschützt. Beim Einsatz spätestens aber bei Auswer-tung und Interpretation von Persönlichkeitstests liegt ein Eingriff in das allgemeine Per-sönlichkeitsrecht in der Regel vor. Dieser Eingriff ist jedoch dann gerechtfertigt, wenn der Bewerber in die psychologische Begutachtung einwilligt. Die Einwilligung erfolgt durch die Teilnahme. Eine schriftliche Erklärung ist in der Praxis unüblich. Zur rechtsgültigen Einwil-ligung gehört von Seiten der durchführenden Institution im Vorfeld die korrekte Aufklärung über Art und Umfang der Untersuchung. Erfolgt dies nicht, ist die Einwilligung nicht rechtsgültig. Die Einwilligung ist auch darin rechtsungültig, wenn der Test in unangemes-sener Weise in die Intimsphäre eindringt.

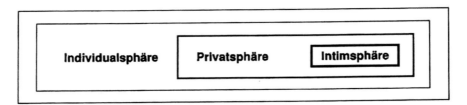

Abbildung 21: die Persönlichkeit im Rahmen des allgemeinen Persönlichkeitsrechts

---

[53] (vgl. Hossiep, et al., 2005 S. 82)

[54]1. Die Durchführung von Persönlichkeitstests ist nur zulässig, wenn...

- der Bewerber eingewilligt hat. Dazu gehört, dass dem Bewerber über Art und Umfang des Verfahrens sowie bezüglich der Folgen des Eingriffs in sein Persönlichkeitsrecht zutreffende Vorstellungen vermittelt worden sind. Ist die Bedeutung des Testergebnisses für die Personalauswahl in einer Auswahlrichtlinie nach § 95 Betriebsverfassungsgesetz (BetrVG) geregelt, ist der Bewerber darüber zu informieren.
- arbeitsplatzbezogene Merkmale erfasst werden bzw. wenn nachgewiesen werden kann, dass die erhobenen Merkmale für den Arbeitsplatz von Bedeutung sind.

2. Eingesetzt werden dürfen nur Verfahren, die...

- nicht in die Intimsphäre eingreifen/eindringen (z. B. religiöse oder sexuelle Neigungen erfragen/prüfen).
- objektiv betrachtet arbeitsplatzbezogen sind (also nur, wenn die interessierenden Personenmerkmale relevant für die Erfüllung der Tätigkeitsanforderungen sind).
- mit wissenschaftlichen Methoden ihre Zuverlässigkeit bewiesen haben.

3. Dem Arbeitgeber bzw. Auftraggeber darf mitgeteilt werden:
- Das Eignungsurteil.
- Eine ausführliche Begründung (rechtlich nicht eindeutig; in der Praxis häufig in Form von (Kurz-)Gutachten).
- Es darf *nicht* das gesamte Untersuchungsmaterial ausgehändigt werden (bei Durchführung durch Psychologen).

4. Mitbestimmung des Betriebsrates:
- Zur Klärung der Mitbestimmungsrechte der Personal- bzw. Arbeitnehmervertretungen kommt es darauf an, ob Tests als Personalfragebogen, allgemeine Beurteilungsgrundsätze oder Auswahlrichtlinie anzusehen sind.
- Mitbestimmungsrechte können sich nur dann ergeben, wenn die betroffenen Arbeitnehmer keine leitenden Angestellten im Sinne des BetrVG sind.
- Einige psychometrische Tests können unter bestimmten Umständen mitbestimmungsfrei sein, wenn Sie von Psychologen durchgeführt werden.
- Gemäß § 94 BetrVG darf der Arbeitgeber ohne Mitbestimmung des Betriebsrates einzelne mündliche psychologische Tests in Einzelfällen durchführen, aber nicht als Teil eines allgemeinen Einstellungsverfahrens.

---

[54] (vgl. Hossiep, et al., 2005 S. 82, 83)

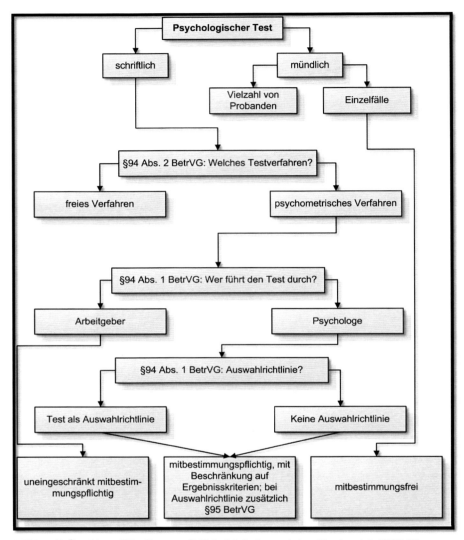

Abbildung 22: Übersicht zur Mitbestimmungspflicht der Arbeitnehmervertretung (Hossiep, et al., 2005 S. 84)

Abbildung 22 zeigt das Mitbestimmungsrecht der Arbeitnehmerfraktion in Abhängigkeit der Testarten.

4. Eigene Vorgehensweise

4.1 Ausgewählte Methode

Das hier ausgewählte Verfahren ist das *Bochumer Inventar zur berufsbezogenen Persön-lichkeitsbeschreibung (BIP)*.

Nicht nur, dass es wie unter „2. Prüfmethodik" beschrieben, den strengen Auswahlkriteri-en für Persönlichkeitstests genügt. Er ist extra für den beruflichen Kontext entwickelt worden. Das BIP ist somit ein geeignetes Arbeitsmittel für diese Thematik.

Anwendung

Die Quellen der Diagnostik sind in 3 Teilbereiche eingeteilt. Diese Bereiche sind, wie in Abbildung 23 gezeigt, eingeteilt. Die Diagnostik dient der Sammlung an Informationen für eine spätere Entscheidungsfindung. Umso besser diese drei Bereiche genutzt werden, desto genau kann entschieden werden, ob ein Kandidat den gestellten Anforderungen entspricht.

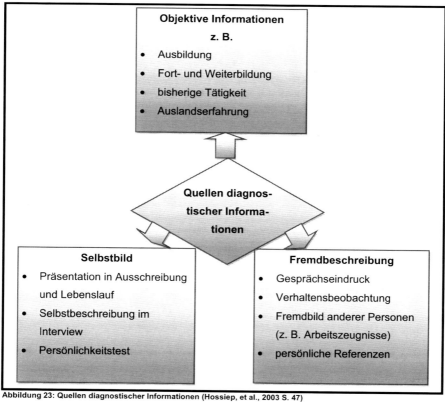

Abbildung 23: Quellen diagnostischer Informationen (Hossiep, et al., 2003 S. 47)

Die Dimensionen des BIP

Das BIP besitzt 14 Dimensionen, die in Abbildung 24 aufgeführt sind. Diese haben sich für die Praxis mit beruflicher Spezifik herauskristallisiert. Weitere Erläuterungen zu den Dimensionen sind in Tabelle 11 abgebildet.

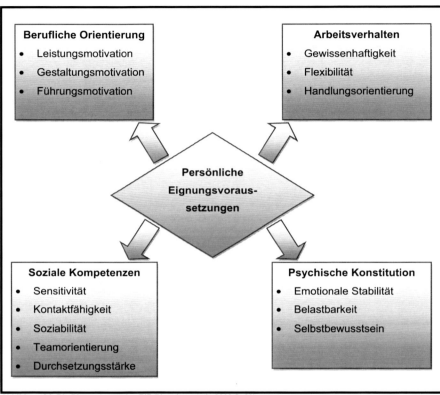

Abbildung 24: Die Dimensionen des BIP (Hossiep, et al., 2003 S. 20)

Die Definitionen der mit dem BIP erfassten Dimensionen

Die in der Abbildung 24 stehenden Dimensionen sind wie folgt definiert.

Tabelle 11: Die Definitionen der mit dem BIP erfassten Konstrukte. (Hossiep, et al., 2003 S. 22)

Dimension	Konzeptualisierung (Bedeutung einer hohen Skalenausprägung)
Leistungsmotivation (LM)	Bereitschaft zur Auseinandersetzung mit einem hohen Gütemaßstab; Motiv, hohe Anforderungen an die eigene Leistung zu stellen; große Anstrengungsbereitschaft; Motiv zur fortwährenden Steigerung der eigenen Leistungen
Gestaltungsmotivation (GM)	Ausgeprägtes Motiv, subjektiv erlebte Missstände zu verändern sowie Prozesse und Strukturen nach eigenen Vorstellungen gestalten zu wollen; ausgeprägte Bereitschaft zur Einflussnahme und zur Verfolgung eigener Auffassungen
Führungsmotivation (FM)	Ausgeprägtes Motiv zur sozialen Einflussnahme; Präferierung von Führungs- und Steuerungsaufgaben; Selbsteinschätzung als Autorität und Orientierungsmaßstab für andere Personen
Gewissenhaftigkeit (Ge)	Sorgfältiger Arbeitsstil; hohe Zuverlässigkeit; detailorientierte Arbeitsweise; hohe Wertschätzung konzeptionellen Arbeitens; Hang zum Perfektionismus
Flexibilität (Fl)	Hohe Bereitschaft und Fähigkeit, sich auf neue oder unvorhergesehene Situationen einzustellen und Ungewissheit zu tolerieren; Offenheit für neue Perspektiven und Methoden; hohe Veränderungsbereitschaft
Handlungsorientierung (HO)	Fähigkeit und Wille zur raschen Umsetzung einer Entscheidung in zielgerichtete Aktivität sowie zur Abschirmung einer gewählten Handlungsalternative gegenüber weiteren Entwürfen
Sensitivität (Sen)	Gutes Gespür auch für schwache Signale in sozialen Situationen; großes Einfühlungsvermögen; sichere Interpretation und Zuordnung der Verhaltensweisen anderer
Kontaktfähigkeit (Ko)	Ausgeprägte Fähigkeit und Präferenz des Zugehens auf bekannte und unbekannte Menschen und des Aufbaues und der Pflege von Beziehungen; aktiver Aufbau und Aufrechterhaltung von beruflichen sowie privaten Netzwerken
Soziabilität (Soz)	Ausgeprägte Präferenz für Sozialverhalten, welches von Freundlichkeit und Rücksichtnahme geprägt ist; Großzügigkeit in Bezug auf Schwächen der Interaktionspartner; ausgeprägter Wunsch nach einem harmonischen Miteinander
Teamorientierung (To)	Hohe Wertschätzung von Teamarbeit und Kooperation; Bereitschaft zur aktiven Unterstützung von Teamprozessen; bereitwillige Zurücknahme eigener Profilierungsmöglichkeiten zugunsten der Arbeitsgruppe
Durchsetzungsstärke (Du)	Tendenz zur Dominanz in sozialen Situationen; Bestreben, die eigenen Ziele auch gegen Widerstände nachhaltig zu verfolgen; hohe Konfliktbereitschaft
Emotionale Stabilität (ESt)	Ausgeglichene und wenig sprunghafte emotionale Reaktionen; rasche Überwindung von Rückschlägen und Misserfolgen; ausgeprägte Fähigkeit zur Kontrolle eigener emotionaler Reaktionen
Belastbarkeit (Bel)	Selbsteinschätzung als (psychophysisch) hoch widerstandsfähig und robust; starke Bereitschaft, sich auch außergewöhnlichen Belastungen auszusetzen und diesen nicht auszuweichen
Selbstbewusstsein (Sb)	(Emotionale) Unabhängigkeit von den Urteilen anderer; hohe Selbstwirksamkeitsüberzeugung; großes Selbstvertrauen bezüglich der eigenen Fähigkeiten und Leistungsvoraussetzungen

Des Weiteren werden auch Dimensionen erfasst, die nur mittelbar zur Persönlichkeit im Berufsleben gehören. Diese gehören zum sogenannten *Zusatzindex*. Dabei handelt es sich um die Dimension:

- Freizeitorientierung
    - Hierbei handelt es sich um die Einstellung zum Verhältnis von Arbeit/ Freizeit.

- Kontrollerleben
    - Wie denkt der Proband drüber, wie andere ihn wahrnehmen?

- Wettbewerbsorientierung und
    - Inwieweit ist es dem Probanden ein Anliegen sich mit anderen zu messen.

- Mobilität.
    - Wie angenehm/ unangenehm ist es dem Probanden mobil tätig zu sein?

Die Checkliste für die Fachkompetenz

Die Anforderungen an die Fachkenntnisse sind in einer Art «Checkliste» aufgereiht. Diese wurde der Diplomarbeit entwickelt. Die Wichtung des Nachweises der Anforderungen, ist im Diagramm 2 (Seite 70) dargestellt. Ein Beispiel für die Anwendung gibt Tabelle 17 «Berechnungsbeispiel für die Prüfung der Fachkenntnis» und Tabelle 18 «Checkliste der objektiven Anforderungen» (siehe Seite 89 ff.). Diese Checkliste, im Gegensatz zum BIP, bezieht sich ausschließlich auf die fachliche Qualifikation. Sie wird nicht mit dem BIP Ausgewertet und ist *ein* Teil der Bewertungsinstrumente.

Die Bewertungen der Checkliste sind wie folgt definiert:

Tabelle 12: Bewertungsmöglichkeiten in der Prüfung für Fachkenntnis

Bewertungsgrad	Wichtung
erfüllt	3
z. T. erfüllt	1
nicht erfüllt	0
na (nicht anwendbar)	fließt nicht in die Wertung ein

Es sind 10 Anforderungen gesetzt. Eine maximal zu erreichende Punktzahl ist 30. Dies wird bei der Bewertung aller Anforderungen als 100% angesehen. Wird jedoch eine Anforderung mit «*na*» bewertet, so ist die maximal zu erreichende Punktzahl 3 * 9 und somit 27. Jetzt ist dieser Wert 100% und somit das maximal Ergebnis. Dies zieht sich komplett durch die Checkliste der Anforderungen. Ein «*na*» ist nötig, da nicht jedes Prüfsystem der Wirtschaft alle Anforderungen verlangt.

4.2 Bestimmung der Wichtungen von Kompetenzen

Um aus dem theoretischen Kompetenzen optimal zu sondieren, muss eine Möglichkeit angewandt werden, die die Wertschöpfung optimiert. Durch die Sammlung der Ansprüche für den Auditor aus den verschiedenen Quellen braucht man Einordungskriterien, da die Ansprüche nicht nur in Adjektivform dar liegen, sondern auch in Umschreibungen ausgedrückt werden.

Für die Sondierung werden die Anforderungen aus 2.2 „Spezifische Vorgaben an den Auditor" genutzt. Die Einordnung der Persönlichkeitseigenschaften ist dem *Bochumer Inventar zur berufsbezogenen Persönlichkeitsbeschreibung* (BIP) -Test angepasst (siehe Tabelle 13). Der Vorteil dabei ist die definierten Begrifflichkeit und deren wissenschaftlich basierten Erarbeitung, die das Ergebnis stabilisiert.

Nach der Sondierung der Persönlichkeitseigenschaften, werden diese ausgezählt und summiert (siehe Tabelle 14).

Als nächstes werden diese Summen prozentual zu 100% gesetzt, so dass sich eine Wichtung ergibt. Diese wird im Diagramm 1 dargestellt. Der Wichtungswert [**W**] entspricht dem Zahlenwert des prozentualen Anteils.

Der gleiche Prozess wird auch für die Ermittlung der Kenntnisse angewandt (siehe Tabelle 15 und Diagramm 2).

Tabelle 13 stellt Einordnungsbereiche für die Anforderungen vor. Die Ansprüche aus Kapitel 2.2 „Spezifische Vorgaben an den Auditor" werden mit den Leitfragen abgeglichen. So erhält man den Skalenwert (Persönlichkeitseigenschaft). Dieser wird nach seiner Häufigkeit zusammengefast (siehe Tabelle 14).

Tabelle 13: Leitfragen zur Erschließung der 14 Skalen des BIP (Hossiep, et al., 2003 S. 55)

Bereich	Skale	Leitfrage
Berufliche Orientierung	Leistungsmotivation (LM)	Inwieweit stelle ich hohe Anforderungen an mich?
	Gestaltungsmotivation (GM)	Inwieweit wirke ich auf Prozesse ein?
	Führungsmotivation (FM)	Inwieweit wirke ich auf andere Personen ein?
Arbeitsverhalten	Gewissenhaftigkeit (Ge)	Wie wichtig sind für mich Detailorientierung und Perfektionismus?
	Flexibilität (Fl)	In welchem Ausmaß bin ich willens, mich immer wieder umzustellen?
	Handlungsorientierung (HO)	Wie zügig setze ich getroffene Entscheidungen in Handlung um?
Soziale Kompetenzen	Sensitivität (Sen)	Wie sicher erspüre ich die Gefühle anderer?
	Kontaktfähigkeit (Ko)	In welchem Umfang verhalte ich mich sozial offensiv?
	Soziabilität (Soz)	Wie wichtig ist mir ein harmonisches Miteinander?
	Teamorientierung (To)	Wie stark bevorzuge ich Teamarbeit?
	Durchsetzungsstärke (Du)	Mit welcher Vehemenz verfolge ich anderen gegenüber meine Ziele.
Psychische Konstitution	Emotionale Stabilität (ESt)	In welchem Ausmaß bin ich emotional robust?
	Belastbarkeit (Bel)	Wie viel will und kann ich mir an Belastung zumuten?
	Selbstbewusstsein (Sb)	Wie überzeugt bin ich von mir als Person?

Tabelle 14: Summe der Eigenschaften in den Anforderungssystemen

Anforderungssystem	LM	GM	FM	Ge	Fl	HO	Sen	Ko	Soz	To	Du	ESt	Bel	Sb	Σ
DIN ISO 19011:2002 (D/E)	15	16	6	20	14	19	12	8	12	3	4	4	7	6	146
IFS-DIN/EN 45011	3	4	1	6	1	3	2	2	2	1	3	3	2	4	37
BRC-DIN/EN 45011	3	4	1	6	1	3	2	2	2	1	3	3	2	4	37
QS	1	2	1	2	1	3	1	1	1	1	1	1	1	1	18
ARS PROBATA GmbH	3	4	1	6	1	3	2	2	2	1	3	3	2	4	37
Summe Σ	25	30	10	40	18	31	19	15	19	7	14	14	14	19	275
Prozentanteil [%] = W	9,1	10,9	3,6	14,5	6,5	11,3	6,9	5,5	6,9	2,5	5,1	5,1	5,1	6,9	≈ 100

Berufliche Orientierung	Arbeitsverhalten	Soziale Kompetenzen	Psychische Konstitution
Leistungsmotivation (LM)	Gewissenhaftigkeit (Ge)	Sensitivität (Sen)	Emotionale Stabilität (ESt)
Gestaltungsmotivation (GM)	Flexibilität (Fl)	Kontaktfähigkeit (Ko)	Belastbarkeit (Bel)
Führungsmotivation (FM)	Handlungsorientierung (HO)	Soziabilität (Soz)	Selbstbewusstsein (Sb)
		Teamorientierung (To)	
		Durchsetzungsstärke (Du)	

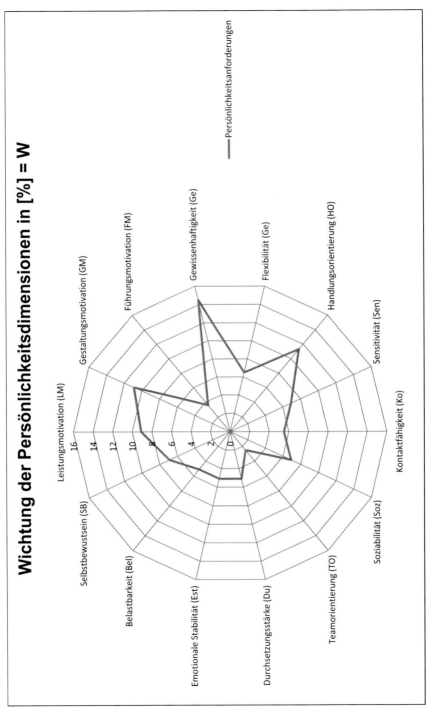

Diagramm 1: Wichtung der Persönlichkeitsdimensionen

Tabelle 15: Wichtung der Kenntnisse

Anforderungssystem	Schulische und Berufliche Ausbildung	Branchen- spezifische Berufserfahrung	Auditoren- schulung	Audit- erfahrung	EDV Kenntnisse	Sprachen- kenntnis	Kenntnisse in Qualitätssicherung	Σ
DIN ISO 19011:2002 (D/E)	3	6	3	3			3	18
IFS-DIN/EN 45011	4	4	2	1			1	12
BRC-DIN/EN 45011	3	1	5	1			1	11
QS	8	3	9	5			2	27
ARS PROBATA GmbH	1	1	1	1	1	1	1	7
Summe Σ	19	15	20	11	1	1	8	75
Prozentanteil [%] = W	25,3	20	26,7	14,7	1,3	1,3	10,7	≈ 100

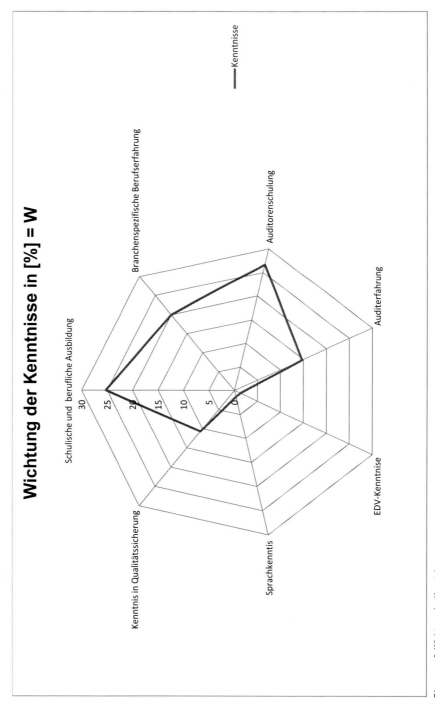

Diagramm 2: Wichtung der Kenntnisse

4.3 Auswahl der Probanden

Die Probandengruppe besteht aus einem Großteil des Auditorenteams der ARS PROBATA GmbH. Die Teilnahme findet auf freiwilliger Basis statt.

Zur Vorbereitung wird eine E-Mail seitens des Arbeitgebers an mögliche Probanden gesendet. Diese beinhaltete den Grund für diesen Test, die Entscheidungsfreiheit auf Teilnahme, die Verschwiegenheitserklärung von Seiten des Testauswerters und die rechtlichen Rahmenbedingungen (siehe Anhang: Vorbereitungsmail). Ein persönliches Anschreiben per Post wird danach an die möglichen Probanden gesendet. Dieses beinhaltet Fragebogen und Infomaterial zum BIP.

Die [55]Fremdbeschreibung als Referenz obliegt hier der Zertifizierungsstellenleitung.

Die objektive Qualifikation wird anhand der Checkliste geprüft, die für die Erfassung nachgewiesener Qualifikationen und dessen Bewertung erstellt ist.

II.   [56]Instruktionen und Aufklärung der Probanden

1. Den Probanden wird erläutert, dass ihm ein psychologischer Fragebogen vorgelegt wird. Ihm werden die Ziele verdeutlicht, die mit dem Einsatz des Instrumentes erreicht werden sollen. Idealerweise werden in diesem Zusammenhang auch die rechtlichen Rahmenbedingungen kurz skizziert, zum Beispiel die Aufbewahrung der Testergebnisse. Es ist empfehlenswert, den Begriff „Test" zu vermeiden, da dieser sehr häufig mit der Vorstellung verbunden ist, nach der Bearbeitung werde eine Überprüfung der Richtigkeit der Teilnehmerantworten erfolgen. Alternativ bietet sich die Bezeichnung *Fragebogen* an.

2. Der Proband erhält ausreichende Gelegenheit, Fragen zum Verfahren oder zu psychologischen Persönlichkeitstests im Allgemeinen einzubringen

3. Der Fragebogen wird den Proband mit der Bitte ausgehändigt, die Instruktion zu lesen und darauf hingewiesen, dass danach weitere Gelegenheit für Rückfragen besteht.

4. Im Anschluss wird besprochen, welche Unklarheiten bezüglich der Bearbeitung noch bestehen. Selbst wenn der keine Fragen mehr hat, ist darauf hinzuweisen, dass sich alle Aussagen auf Verhalten und Erleben im Berufsleben beziehen - es sei denn, mit einer Frage wird ausdrücklich anderes, zum Beispiel das Freizeitverhalten, thematisiert. Ebenfalls sollte nochmals erwähnt werden, dass keine Entscheidung auf alleiniger Basis des BIP gefällt wird.

---

[55] Beurteilung der Persönlichkeitseigenschaften durch eine andere Person
[56] (vgl. Hossiep, et al., 2003 S. 51 ff.)

4.4 Anwendung der Methode

Den Probanden werden die Fragebögen ausgehändigt. Nach der Bearbeitung wird der Test zusammengefasst und ausgewertet. Dies geschieht in 6 Schritten (siehe Abb. 25).

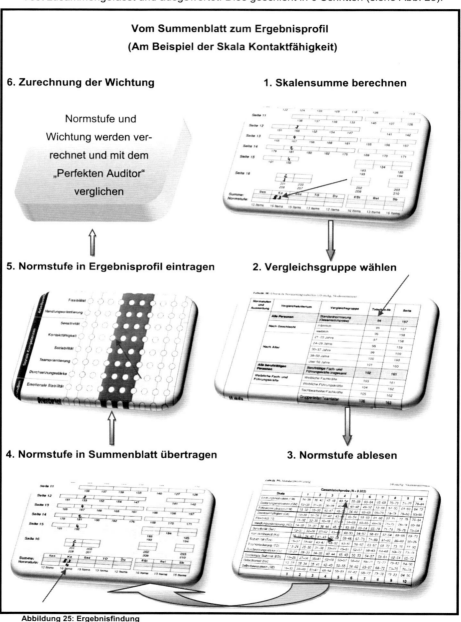

Abbildung 25: Ergebnisfindung

Schritt 6 „Zurechnung der Wichtung" ist hierbei eine Modifikation, die in der späteren Anschauung durch Diagramme die Anforderungsunterschiede stärker verdeutlichen soll.

Der Normabgleich

Um die Antworten eines Teilnehmers sinnvoll interpretieren zu können, müssen sie mit denen anderer Personen verglichen werden. Die im Profil des BIP dargestellten Skalenausprägungen eines Teilnehmers basieren immer auf einem solchen Vergleichsprozess. Die Anzahl der Personen in der Vergleichsgruppe hängt von der jeweils gewählten Gruppe ab (siehe Abbildung 27). Die Standard-10-Werte, die für die Auswertung herangezogen werden können, sind zum Vergleich mit den 16-PF-R. Daher werden hier die Standard-9-Werte zum Auswerten genommen. Diese sind von den Entwicklern des BIP vorgegeben.

In der Abbildung 26 kann abgelesen werden, welcher prozentuale Anteil der Vergleichsgruppe jeweils in einer Normstufe vertreten ist.

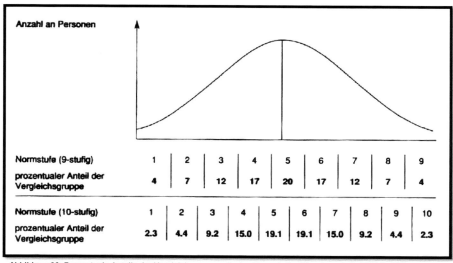

Abbildung 26: Prozentuale Anteile der Vergleichsgruppen in den Normstufen (Hossiep, et al., 2003 S. 123)

Die Normgruppe nach Normstufe 9

Die hier genutzte Normgruppe ist die «berufstätige Fach- und Führungskräfte».

Dies zeigt die Abbildung 27. Wie diese zur Anwendung kommt verdeutlicht Abbildung 25.

Berufstätige Fach- und Führungskräfte (N = 6 869)									
Skala	1	2	3	4	5	6	7	8	9
Leistungsmotivation (LM)	14–40	41–46	47–52	53–57	58–62	63–67	68–71	72–75	76–84
Gestaltungsmotivation (GM)	12–33	34–38	39–42	43–46	47–51	52–55	56–59	60–62	63–72
Führungsmotivation (FM)	15–36	37–45	46–52	53–59	60–66	67–71	72–76	77–81	82–90
Gewissenhaftigkeit (Ge)	14–32	33–39	40–45	46–51	52–57	58–62	63–68	69–73	74–84
Flexibilität (Fl)	14–37	38–44	45–51	52–57	58–63	64–68	69–73	74–77	78–84
Handlungsorientierung (HO)	14–35	36–42	43–49	50–56	57–62	63–67	68–72	73–77	78–84
Sensitivität (Sen)	12–34	35–40	41–45	46–50	51–55	56–59	60–63	64–66	67–72
Kontaktfähigkeit (Ko)	16–37	38–45	46–54	55–62	63–70	71–77	78–82	83–87	88–96
Soziabilität (Soz)	15–39	40–45	46–50	51–55	56–60	61–64	65–69	70–73	74–90
Teamorientierung (TO)	13–27	28–34	35–41	42–48	49–55	56–61	62–66	67–70	71–78
Durchsetzungsstärke (Du)	12–31	32–37	38–42	43–47	48–51	52–55	56–59	60–63	64–72
Emotionale Stabilität (ESt)	16–31	32–39	40–46	47–54	55–62	63–68	69–75	76–81	82–96
Belastbarkeit (Bel)	13–31	32–39	40–46	47–53	54–60	61–65	66–70	71–74	75–78
Selbstbewusstsein (SB)	16–38	39–45	46–52	53–58	59–65	66–70	71–76	77–81	82–96
	1	2	3	4	5	6	7	8	9

Abbildung 27: Normierung: berufstätige Fach- und Führungskräfte (Hossiep, et al., 2003 S. 133)

Diese [57]Tabelle wurde aus einer Probandengruppe (N) von 6869 Personen entwickelt. Die erreichten Punktzahlen zu den Skalen, wurden der Normalverteilung der Gauß'schen Glockenkurve (siehe Abbildung 26) untergeordnet. Der Wert 5 ist hier der Mittelwert zu der Kurve und beinhaltet die am häufigsten erreichten Skalenwerte für diese Probandengruppe (N). Die Spalte, über den Wert 5, enthält also 20% der Punktzahl aller Probanden (N). Links und rechts vom Mittelwert fällt der Prozentanteil der Probanden (N) ab. Der Wert 1 ist somit weit unterdurchschnittlich und der Wert 9 weit überdurchschnittlich.

Des Weiteren wir vorgegangen wie in 4.1 „Ausgewählte Methode" beschrieben.

---

[57] (BIP Manual, Hossiep, et al., 2003)

4.5 Resultate und Beurteilung

Die Probanden werden aus Gründen des Datenschutzes nicht namentlich erwähnt, sondern als Nummer geführt. Der Teilnehmerkreis besteht aus erfahrenen Auditoren und wird mit *AP 1 bis AP 7* angegeben. *AP 0* ist der theoretisch „perfekte" Auditor. Die Wichtung der Persönlichkeitsmerkmale (Diagramm 1) und zusätzliche Definitionen anhand des Fragebogens durch die Zertifizierungsstellenleitung fließen in die Ergebnisse mit ein. AP 0 wird hierbei immer als Referenz gesetzt, so dass ein schneller optischer Vergleich in den Diagrammen möglich ist (z.B. AP 1/AP 0).

Die Wichtung aus Tabelle 14, bzw. Diagramm 1 wird mit dem erreichten Level (1 - 9) aus dem BIP multipliziert. Zur Unterscheidung erhalten die Probandennummern den Index **W** für Wichtung (z.B. AP 0W). Dies zeigt die für den Auditor spezifische Ausrichtung an.

Die Probandennummer *ohne* Index zeigt die allgemeine Ausrichtung der Persönlichkeit, die anhand der Vergleichsgruppe (siehe Abbildung 27) ermittelt wurde (z. B. AP 0).

Wie man erkennen kann, sind die Ausprägungsspitzen für AP 0 in den Bereichen Gewissenhaftigkeit, Handlungsorientierung, Sensitivität, emotionale Stabilität, Belastbarkeit und Selbstbewusstsein am höchsten.

Vergleicht man dazu AP 0W sind die Ausprägungsspitzen bei Gewissenhaftigkeit und Handlungsorientierung am stärksten. Dies definiert die spezifischen Stärken, die bei einem Auditor ausgeprägt sein sollen.

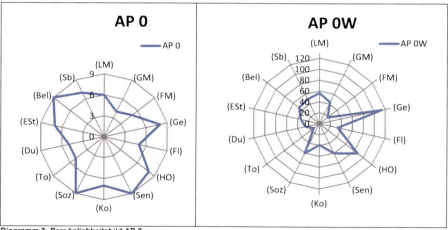

Diagramm 3: Persönlichkeitsbild AP 0

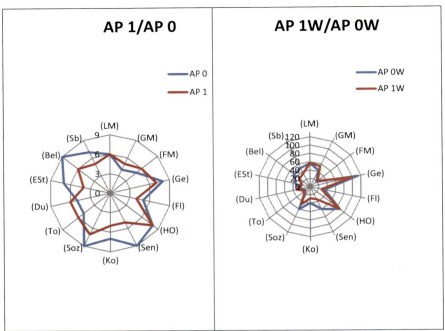

Diagramm 4: Persönlichkeitsbild AP 1/ AP 0

Berufliche Orientierung	Arbeitsverhalten	Soziale Kompetenzen	Psychische Konstitution
Leistungsmotivation (LM)	Gewissenhaftigkeit (Ge)	Sensitivität (Sen)	Emotionale Stabilität (ESt)
Gestaltungsmotivation (GM)	Flexibilität (Fl)	Kontaktfähigkeit (Ko)	Belastbarkeit (Bel)
Führungsmotivation (FM)	Handlungsorientierung (HO)	Soziabilität (Soz)	Selbstbewusstsein (Sb)
		Teamorientierung(To)	
		Durchsetzungsstärke (Du)	

AP 1 übertrifft die Vorgaben in den Bereichen «berufliche Orientierung» und auch in Teilbereichen der «sozialen Kompetenzen». Im Bereich «psychische Konstitution» ist der Proband im mittleren Bereich gegenüber AP 0.

AP 1W zeigt deutliche Übereinstimmungen in den Spitzen der Wichtung. Die herausragenden Anforderungen sind erfüllt. Korrelierend zu AP 1 ist AP 1W in Teilbe-reichen stärker konstituiert, als die erarbeitete Referenzgröße AP 0W.

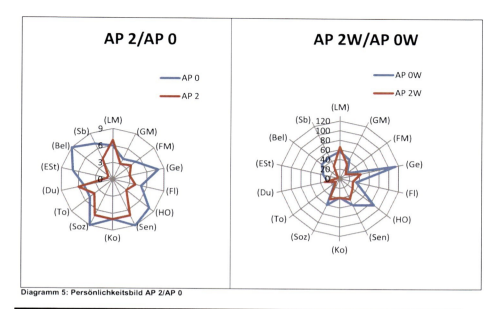

Diagramm 5: Persönlichkeitsbild AP 2/AP 0

Berufliche Orientierung	Arbeitsverhalten	Soziale Kompetenzen	Psychische Konstitution
Leistungsmotivation (LM)	Gewissenhaftigkeit (Ge)	Sensitivität (Sen)	Emotionale Stabilität (ESt)
Gestaltungsmotivation (GM)	Flexibilität (Fl)	Kontaktfähigkeit (Ko)	Belastbarkeit (Bel)
Führungsmotivation (FM)	Handlungsorientierung (HO)	Soziabilität (Soz)	Selbstbewusstsein (Sb)
		Teamorientierung(To)	
		Durchsetzungsstärke (Du)	

AP 2 übertrifft die Vorgaben in den Anforderungen der Durchsetzungsstärke und der Leistungsmotivation. Der Bereich «soziale Kompetenzen» spiegelt einen allgemeinen hohen Wert wider. Wobei die Übereinstimmung, der Anforderung «Kontaktfähigkeit», hier heraussticht.

Wie zu vermuten ist, sind die korrelierenden Werte auf der Wichtungsseite (AP 2W) ausgeprägter. Gewissenhaftigkeit und Handlungsorientierung sind niedrig ausgeprägt. Der Bereich «psychische Konstitution», wird durch niedrige Werte bei emotionale Stabilität und Belastbarkeit geformt. Doch Durchsetzungsstärke und Leistungsmotivation, wie in der Korrelation zu erwarten, sind auch hier über den Vorgabewerten.

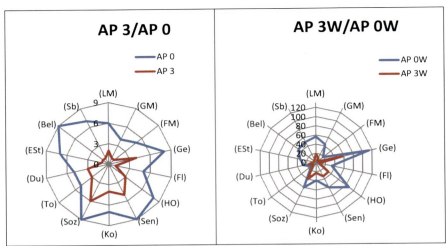

Diagramm 6: Persönlichkeitsbild AP 3/ AP 0

Berufliche Orientierung	Arbeitsverhalten	Soziale Kompetenzen	Psychische Konstitution
Leistungsmotivation (LM)	Gewissenhaftigkeit (Ge)	Sensitivität (Sen)	Emotionale Stabilität (ESt)
Gestaltungsmotivation (GM)	Flexibilität (Fl)	Kontaktfähigkeit (Ko)	Belastbarkeit (Bel)
Führungsmotivation (FM)	Handlungsorientierung (HO)	Soziabilität (Soz)	Selbstbewusstsein (Sb)
		Teamorientierung(To)	
		Durchsetzungsstärke (Du)	

Bei AP 3 ist die Gesamtheit der niedrigen Werte auffällig. Dies zeugt von einem betont negativen Selbstbild des Probanden. Sehr deutlich wird dies im Bereich «psychische Konstitution» dieser Person.

Die tendenziellen Ausprägungen im Bereich AP 3W zu den Spitzanforderungen sind gegeben. Hier ist jedoch mit der Fremdbewertung gegenzulesen, um einen Datenabgleich vorzunehmen. Ergibt dies eine hohe Abweichung, ist ein Gespräch zur Klärung der unterschiedlichen Personenbilder ratsam.

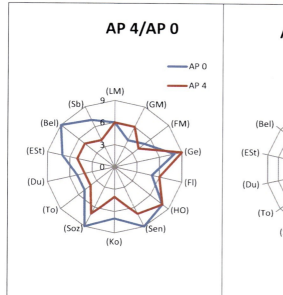

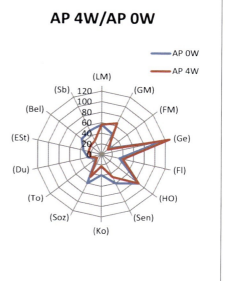

Diagramm 7: Persönlichkeitsbild AP 4/AP 0

Berufliche Orien-tierung	Arbeitsverhalten	Soziale Kompe-tenzen	Psychische Konstitution
Leistungsmotivation (LM)	Gewissenhaftigkeit (Ge)	Sensitivität (Sen)	Emotionale Stabilität (ESt)
Gestaltungsmotivation (GM)	Flexibilität (Fl)	Kontaktfähigkeit (Ko)	Belastbarkeit (Bel)
Führungsmotivation (FM)	Handlungsorientierung (HO)	Soziabilität (Soz)	Selbstbewusstsein (Sb)
		Teamorientierung(To)	
		Durchsetzungsstärke (Du)	

AP 4 hat einen hohen Wert in der Gesamtheit. Der Proband übertrifft die Vorgaben in der Gestaltungsmotivation, Gewissenhaftigkeit und der Flexibilität. Übereinstimmungen finden sich bei Leistungsmotivation und Handlungsorientierung. Nur der Bereich «psychische Konstitution» und die Anforderung «Kontaktfähigkeit» sind im vergleichbaren Gesamtbild niedriger ausgeprägt.

Die Werte zu AP 4W verstärkt die oberen Aussagen. Hervorstechend sind die Anforderungsspitzen, die erfüllt bzw. übertroffen sind.

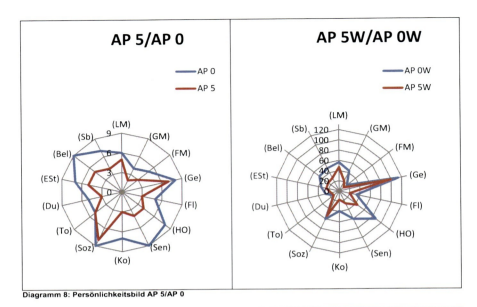

Diagramm 8: Persönlichkeitsbild AP 5/AP 0

Berufliche Orien- tierung	Arbeitsverhalten	Soziale Kompe- tenzen	Psychische Konstitution
Leistungsmotivation (LM)	Gewissenhaftigkeit (Ge)	Sensitivität (Sen)	Emotionale Stabilität (ESt)
Gestaltungsmotivation (GM)	Flexibilität (Fl)	Kontaktfähigkeit (Ko)	Belastbarkeit (Bel)
Führungsmotivation (FM)	Handlungsorientierung (HO)	Soziabilität (Soz)	Selbstbewusstsein (Sb)
		Teamorientierung(To)	
		Durchsetzungsstärke (Du)	

AP 5 zeigt ein sehr mäßiges Ergebnis. Zur besseren Differenzierung der Ergebnisse ist der Bereich AP 5W zu betrachten. Die Anforderungen Gewissenhaftigkeit, Soziabilität und Leistungsmotivation sind im Abgleich zu AP 0W stark ausgeprägt. Die Teamorientierung liegt sogar nahezu deckungsgleich vor.

Die niedrigste Ausprägung liegt in dem Bereiche «psychische Konstitution». Auch Teile der Bereiche «Arbeitsverhalten» und «soziale Kompetenzen» haben ausgeprägte Abweichungen zu den Vorgaben. Handlungsorientierung, Sensitivität und Kontaktfähigkeit sind in diesen Bereichen ausbaufähig.

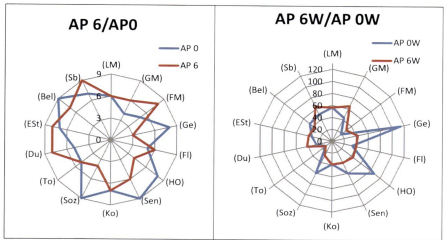

Diagramm 9: Persönlichkeitsbild AP 6/ AP 0

Berufliche Orientierung	Arbeitsverhalten	Soziale Kompetenzen	Psychische Konstitution
Leistungsmotivation (LM)	Gewissenhaftigkeit (Ge)	Sensitivität (Sen)	Emotionale Stabilität (ESt)
Gestaltungsmotivation (GM)	Flexibilität (Fl)	Kontaktfähigkeit (Ko)	Belastbarkeit (Bel)
Führungsmotivation (FM)	Handlungsorientierung (HO)	Soziabilität (Soz)	Selbstbewusstsein (Sb)
		Teamorientierung(To)	
		Durchsetzungsstärke (Du)	

AP 6 erreicht gegenüber den anderen Probanden eine hohe Ausprägung der «psychischen Konstitution». Auch in der «beruflichen Orientierung» sind gleiche bis wesentlich höhere Ausprägungen der Anforderungen zu verzeichnen.

Im Bereich AP 6W wird auch die hohe Ausprägung der «Durchsetzungsstärke» gegenüber dem Normanspruch deutlich. Doch für das Berufsbild des Auditors zeigt der Vergleich verminderte Ausprägungen bei «Gewissenhaftigkeit, Sensitivität und Soziabilität».

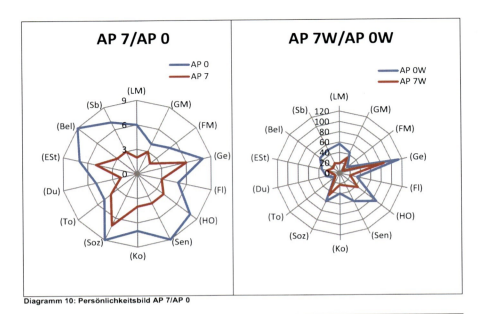

Diagramm 10: Persönlichkeitsbild AP 7/AP 0

Berufliche Orien-tierung	Arbeitsverhalten	Soziale Kompe-tenzen	Psychische Konstitution
Leistungsmotivation (LM)	Gewissenhaftigkeit (Ge)	Sensitivität (Sen)	Emotionale Stabilität (ESt)
Gestaltungsmotivation (GM)	Flexibilität (Fl)	Kontaktfähigkeit (Ko)	Belastbarkeit (Bel)
Führungsmotivation (FM)	Handlungsorientierung (HO)	Soziabilität (Soz)	Selbstbewusstsein (Sb)
		Teamorientierung(To)	
		Durchsetzungsstärke (Du)	

Wie bei AP 7W zu sehen ist, tendiert der Proband in die richtige Richtung. Diese Anforderungen können durch Förderung noch eine deutlichere Ausprägung erfahren. Der Vergleich zu AP 0 zeigt ein vermindertes Bild bei Belastbarkeit, Selbstbewusstsein, Leistungsmotivation, Sensitivität und Durchsetzungsstärke. Doch in Schwerpunkten «Gewissenhaftigkeit und Soziabilität» finden sich gute Tendenzen.

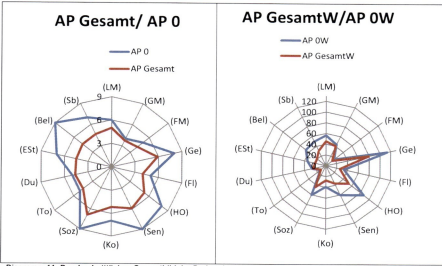

Diagramm 11: Durchschnittliches Gesamtbild der Probanden gegenüber AP 0

Berufliche Orientierung	Arbeitsverhalten	Soziale Kompetenzen	Psychische Konstitution
Leistungsmotivation (LM)	Gewissenhaftigkeit (Ge)	Sensitivität (Sen)	Emotionale Stabilität (ESt)
Gestaltungsmotivation (GM)	Flexibilität (Fl)	Kontaktfähigkeit (Ko)	Belastbarkeit (Bel)
Führungsmotivation (FM)	Handlungsorientierung (HO)	Soziabilität (Soz)	Selbstbewusstsein (Sb)
		Teamorientierung(To)	
		Durchsetzungsstärke (Du)	

Festzustellen ist, dass das erarbeitete Auditorenprofil mit der Wirklichkeit gut korreliert. Die Tendenzen der Gruppe weisen in die richtige Richtung. Eine geringere Ausprägung der Probandengruppe ist der Bereich «psychische Konstitution». Hier korreliert das Profil nicht mit AP 0. Zu empfehlen ist auch eine Förderung in den Anforderungen Gewissenhaftigkeit, Flexibilität, Handlungsorientierung, Sensitivität, Kontaktfähigkeit und Soziabilität.

Die Eigenschaftsprofile einzelner Anforderungen und deren Ausprägungen befinden sich im Anhang (Tiefenbeschreibung für die Diagrammergebnisse von Diagramm 4: Persönlichkeitsbild AP 1/ AP 0 bis Diagramm 11: Durchschnittliches Gesamtbild der Probanden gegenüber AP 0) in detaillierter Form zu finden.

Zusatzindex

Die Zusatzindizes erheben Anforderungen, die nicht ins Persönlichkeitsprofil einfließen. Sie werden zusätzlich im Fragebogen des BIP abgefragt, sind aber für den Probanden als „Zusatz" nicht erkenntlich. Diese Indizes bieten somit den Einblick in vier weitere Kategorien, die unabhängig von den 14 Dimensionen des BIP betrachtet werden können. Die Ausprägung geht von 1 (trifft überhaupt nicht zu) bis 6 (trifft voll zu). Zur besseren Ergebnisbeurteilung sind weitere Modifikationen erarbeitet. Die Itemnummern sind mit Vorzeichen versehen. Das Vorzeichen « - » bedeutet, dass ein möglichst niedriger Skalenwert erreicht werden soll. Das Vorzeichen « + » zeigt, dass ein möglichst hoher Wert anzustreben ist. Das Vorzeichen « ± » deutet auf das Optimum im mittleren Bereich. Also eine Ausprägung zwischen 3 und 4. Ein weiterer Wert ist der Mittelwert « $\bar{x}$ ». Dieser wird aus den Bewertungen der Probanden gewonnen. Die erwünschte Tendenz zu den Indizes, wird mit « <, ≤, >» gekennzeichnet.

Folgende Ausprägungen haben sich bei den Probanden ergeben.

Tabelle 16: Zusatzindex

Kategorie	Item	erwünschte Tendenz	AP 0	AP 1	AP 2	AP 3	AP 4	AP 5	AP 6	AP 7
Freizeitorientierung	- 21	∨	2	1	4	5	4	2	4	2
x̄ Freizeitorientierung			2	1	4	6	4	2	4	2
	- 36		1	2	2	1	1	1	3	1
	- 51		1	1	4	1	1	1	1	2
	- 67	∨	2	2	3	2	2	6	3	3
Kontrollerleben	- 83		1	2	4	5	1	3	3	4
	- 99		2	3	5	3	1	3	3	2
	- 129		1	2	5	2	2	2	3	2
	± 158		4	2	2	4	4	5	6	3
x̄ Kontrollerleben			2,29	2,29	4,71	4,00	2,86	3,57	4,29	3,00
	± 52		3	2	1	2	2	4	3	6
Wettbewerbsorientierung	- 114	≤	1	1	4	3	1	5	4	3
	± 143		4	2	5	2	1	4	2	3
	± 195		4	5	5	3	5	4	6	2
x̄ Wettbewerbsorientierung			3	2,5	3,75	2,5	2,25	4,25	3,75	3,5
Mobilität	+ 68	∧	4	6	3	2	1	6	3	6
	+ 84		6	6	3	4	4	6	4	5
x̄ Mobilität			5	6	2	3	2,5	6	3,5	5,5

In den nachfolgenden Diagrammen sind die Wichtungen der Probanden aufgeführt. AP 0 gilt auch hier wieder als Referenz.

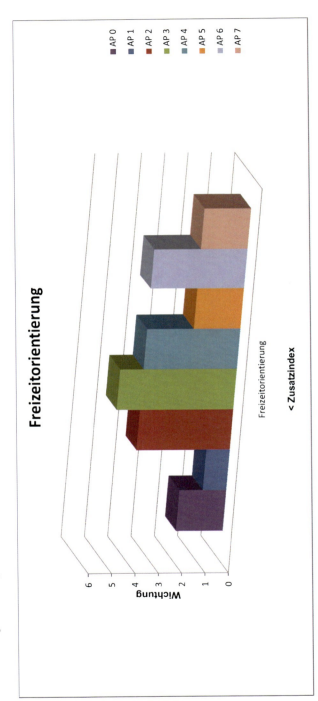

Diagramm 12: Zusatzindex Freizeitorientierung

Die Freizeitorientierung gibt Auskunft über die Einstellung von Freizeit zu Arbeit. AP 2,3,4 und 6 zeigen hier deutliche Abweichungen in eine höhere Ausprägung gegenüber den gesetzten Tendenzen. AP 2 folgt sehr ausgeprägt der Tendenz und unterschreitet den Skalenwert von AP 0.

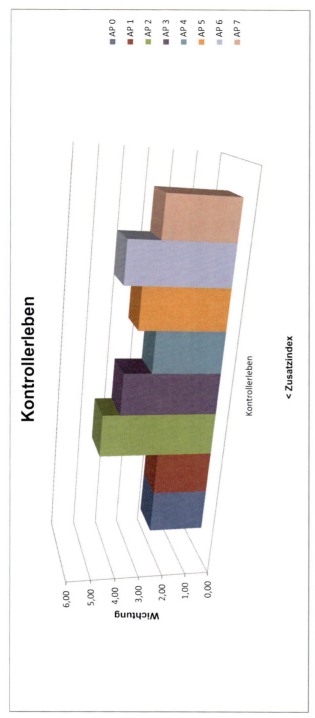

Diagramm 13: Zusatzindex Kontrollerleben

Das Kontrollerleben spiegelt das Wirken auf andere wider. Dies jedoch aus der eigenen Sicht des Probanden. Nach dem Grundsatz: „Wie denke ich darüber, wie Andere über mich denken"? Die Ergebnisse sollen der Tendenz folgen und ausgesprochen niedrig sein. Dies erreicht jedoch nur AP 1 und tendenziell AP 4 und AP 7.

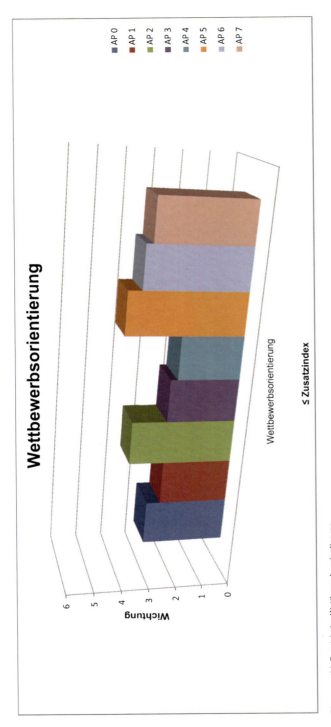

Diagramm 14: Zusatzindex Wettbewerbsorientierung

Hier wird die Einstellung zum „Leistungsmessen" mit Kollegen dargestellt. Die Ausprägungen sollten sich an AP 0 orientieren. Eine Ausprägung gleich bzw. etwas kleiner als 3 ist hier erwünscht. AP 1, 3 und 4 folgen den Vorgaben.

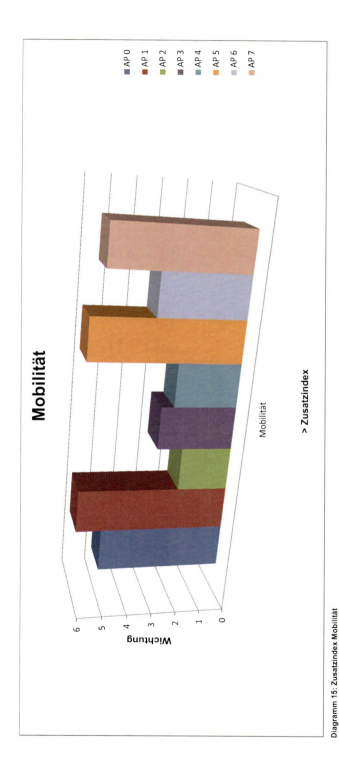

Mobilität

Legend: AP 0, AP 1, AP 2, AP 3, AP 4, AP 5, AP 6, AP 7

Wichtung (0–6)

Mobilität

> Zusatzindex

Diagramm 15: Zusatzindex Mobilität

Dieses Diagramm zeigt die Einstellung zur Mobilität im Beruf. Hier ist eine möglichst hohe Ausprägung gefordert, denn das Tätigkeitsfeld des Audi-tors verlangt eine positive Einstellung zu wechselnden Arbeitsorten. 3 von 7 Probanden entsprechen der gewünschten Ausprägung.

Die Indizes zeigen ein sehr unproportionales Ergebnis. Die Motivationen zu einer stark abweichenden Wertung durch die Probanden sollten hinterfragt werden. Es ist zu klären, ob sich die Arbeitsfähigkeit und Arbeitsmotivation vermindern und dadurch auf die Qualität der Arbeit niederschlagen. Gerade der «Kontrollbereich» ist eine sensibles Feld und bedarf höherer Aufmerksamkeit.

Prüfung der Fachkenntnisse

Ein Beispiel soll nach 4.1 „Ausgewählte Methode" die Durchführung und die Auswertung des Fachkenntischecks verdeutlichen. Tabelle 17 zeigt hierbei die Berechnung der Werte bis zum Ergebnis. Tabelle 18 zeigt die Ansprüche in der Fachkenntnis und deren Bewertung.

Tabelle 17: Berechnungsbeispiel für die Prüfung der Fachkenntnis

Bewertung	Wichtung	$\sum$ bew. Anf.*	Wichtung $\cdot \sum$ bew. Anf.*	Referenz	
erfüllt	3	4	12	27	100%
nicht erfüllt	0	3	0		
z.T. erfüllt	1	2	2		
na		1			
Summe		10	14		
Ergebnis		**52 %**			

* bewertete Anforderungen

Checkliste der objektiven Anforderungen

Nummer	Anforderung	Beurteilung	Bemerkung
1	Es kann ein Universitäts- oder Hochschulabschluss nachgewiesen werden.	nicht erfüllt	
2	Es sind mind. 5 Jahre Arbeitserfahrung vorhanden.	nicht erfüllt	
3	Es sind mind. 2 Jahre Arbeitserfahrung im Bereich Qualitätsmanagement vorhanden.	na	
4	Es wurden mind. 10 vollständige Audits innerhalb von 2 Jahren durchgeführt.	nicht erfüllt	
5	Kenntnisse im Qualitätsmanagement können nachgewiesen werden.	erfüllt	
6	Kenntnisse mit dem Codex Alimentarius können nachgewiesen werden.	erfüllt	
7	Die geforderten Systeme sind bekannt und entsprechende Qualifikationen können nachgewiesen werden.	erfüllt	
8	Die nötigen Kenntnisse rechtlichen Anforderungen zum erfolgreichen durchführen eines Audits sind nachweißbar.	z.T. erfüllt	
9	Es wurden Kurse in Managementsysteme belegt.	erfüllt	
10	Ausreichende Fremdsprachenkenntnisse sind vorhanden.	z.T. erfüllt	

Ergebnis: **52%**

Dieses Beispiel zeigt, dass die gewünschten Anforderungen zu 52% erfüllt ist.

Da die Probanden alle erfahrene und berufstätige Auditoren sind, ist die vorgestellte Prüfmethodik für Fachkenntnisse vorwiegend geeignet für Bereichserweiterungen der Auditoren und Neueinsteiger. Die hier teilnehmenden Probanden entsprechen den Fachansprüchen für ihre Tätigkeit.

4.6 Schlussfolgerung

Es ist möglich, ein Prüfsystem auf Basis von Anforderungen aus Norm, Wirtschaftsstandards und Zertifizierungsstelle für Auditoren aus der Lebensmittelbrache zu erstellen. Die Mehrstufigkeit dieses Systems erlaubt differenzierte Betrachtungen auf Segmente der Anforderungen. Doch gerade im Prüfteil der Persönlichkeitsbeschreibung ist es wichtig, weitergehende Maßnahmen zur Entscheidungsfindung einzuleiten. Eine alleinige Entscheidung auf diese Aussagen wäre fahrlässig und nicht gerechtfertigt gegenüber dem Auditor. Diese Schlussfolgerung deckt sich mit der Testempfehlung (vgl. Hossiep, et al., 2005 S. 89)

Detaillierte Persönlichkeitseigenschaften sind im Anhang beschrieben, dadurch ergibt sich die Möglichkeit wissenschaftlich erarbeitete Definitionen den Anforderungsausprägungen zuzuordnen. Die Zusatzindizes geben weitere Auskünfte über den Probanden. Abweichungen, von den definierten Ansprüchen, können als Gesprächsgrundlage genutzt werden und zum Ausbau eines objektiven Bildes beitragen.

Der Abgleich von Ist- und Sollwert bei den Fachkenntnissen bietet eine weitere spezifische Hilfe für eine Besetzung bzw. Schulungsnotwendigkeit von Auditoren. Eine Erweiterung dieser Liste ist durchaus denkbar und wird somit eine detailliertere Grundlage für die Bewertung von objektiven Anforderungen.

5. Chancen und Möglichkeiten

Um Verbesserungen für die Involvierten eines Auditprozesses (Auditor, Zertifizierungs-stelle, Systemgeber, Kunde...) zu schaffen, sind qualitätsbeeinflussende Mechanismen (z. B. Weiterbildung, Kommunikationsschulung...) zu bearbeiten. Gehandelt wird nach dem Grundsatz «*probatum est*».

5.1 Festlegungen der Mindestanforderungen und Risikofaktoren

Die Mindestanforderungen werden zum Teil durch das Prüfsystem vorgegeben in dem der Auditor tätig ist. Darüber hinaus erfasst und befolgt ein guter Auditor die Notwendigkeit, seine Fachkenntnisse stätig auszubauen und dem zeitlichen Stand anzupassen. Die Arbeitsmethode des Auditors ist die Beherrschung der Kommunikationstechnik. Die Grundlagen müssen verstanden sein und sich in der Anwendung widerspiegeln. Der Ausbau persönlicher Stärken, die das Berufsbild unterstützen, ist ein Teil der Leistungs-motivation eines erstklassigen Auditors sowie das Verbessern persönlicher Defizite, die die solide Ausführung der Arbeit beeinträchtigen.

Auch ein Artikel des Webportals [58]„www.berufsstart.stepstone.de" bestätigt: „[...] Den Jobanwärtern von heute fehle es an Soft Skills wie sozialer Kompetenz (45 Prozent) und Persönlichkeit (42 Prozent) [...]". Daher ist eine Prüfung auf diesem Gebiet unerlässlich. Ob Berufseinsteiger oder erfahrene Berufstätige, eine sichere Kompetenz auf diesem Gebiet ist gerade für einen Auditor unentbehrlich. In der Gastronomie gilt der Grundsatz: „Ein Restaurant steht oder fällt mit dem Koch". Das heißt, auch wenn eine Einrichtung funktioniert und sich zu präsentieren weiß, wenn das angebotene Produkt, bzw. der Service qualitativ minderwertig ist, ist das Unternehmen in Gefahr.

Inwieweit korreliert die Kommunikation mit Fachkompetenz, Berufserfahrung und Alter des Auditors?
Für die Kommunikation auf fachlicher Ebene ist Fachkompetenz gefragt, da Fachbegriffe und Hintergrundwissen das Korrespondieren verbessern. In diesem Fall ist die Fachkom-petenz eine Mindestanforderung. Wie aber mit dem Fachwissen interagiert wird, hängt stark von der Persönlichkeit ab. Zum Beispiel ist ein sehr korrekter und akkurater Auditor auch in seiner Kommunikation korrekt und akkurat. Oder ein Auditor, der Äußerungen und Handlungen sehr persönlich nimmt, wird dies in seiner Kommunikation dem Kunden widerspiegeln. Dieser Sachverhalt wurde im Rahmen durchgeführter Witnessaudits bestätigt.

---

[58](Kienbaum Consultants International GmbH)

Die Berufserfahrung gibt Sicherheit im Umgang mit der Aufgabe des Auditierens. Dies spiegelt sich natürlich auch in der Persönlichkeitswirkung auf andere wider. Der Auditor wird als fachkompetent angesehen und wirkt in seiner Kommunikation als sicher und gefestigt.

Das Lebensjahr älterer Auditoren kann in der Kommunikation von Vorteil sein. Zum Beispiel muss ein jüngerer Auditor Abweichungen im Audit gegenüber älteren Kommunikationspartnern stärker mit Argumenten untermauern, da einer jungen Person nicht so viel Fachkompetenz zugetraut wird, um überzeugend zu wirken.

Die Risikodifferenzierung der Fachkompetenz ist erstellbar auf Grundlage der in der Diplomarbeit entwickelten Ergebnisse. Ein Ranking lässt sich erarbeiten aus Diagramm 2. Dies stellt in fallender Reihenfolge die Ansprüche dar. In den Unterpunkten sind mögliche Quellen vorgestellt, die die Prüfung der Anforderungen begünstigen.

1. Branchenspezifische Berufserfahrung:
   - Der Nachweis durch Arbeitszeugnis, Lebenslauf; hohes Verständnis für spezifische Technologien und Rahmenbedingungen (z. B. gesetzliche Vorgaben)

2. Schulische und berufliche Ausbildung/ Auditorenschulung
   - Zeugnisse, Praktikanachweise, weitere Weiterbildungsmaßnahmen/ Schulungsnachweise, Systemzulassungen, Auditoren-Witness

3. Kenntnisse in Qualitätssicherung/ Auditerfahrung
   - Kenntnisse in DIN ISO 9000'er Reihe, Codex Alimentarius, Anwendung in der Praxis (Berufserfahrung)/ sicherer Umgang im Auditieren nach DIN EN 19011, Auditoren-Witness

4. Sprachkenntnisse/ EDV Kenntnisse
   - Auslandserfahrung, Schulungen, Ausbildung/ Kenntnisse und Verständnis für datenverarbeitende Prozesse (MS Office, Betriebssoftware)

In der Ausarbeitung ist Punkt 4 als geringstes Risiko im Bezug auf das Berufsbild eines Auditors genannt. Die Praxis zeigt aber, dass dieser Punkt immer mehr an Bedeutung gewinnt. Leichtfertiger Umgang und Unwissenheit mit diesen Mitteln, ist eine Qualitätsminderung in der Kommunikation. Dies zieht sich durch bis zum Kunden und vermittelt einen negativen Eindruck.

Das Risikoranking und die Mindestanforderungen zeigen, wie speziell das Berufsbild des Auditors in der Lebensmittelbrache ist. Eine Abgleichsmöglichkeit ist daher unerlässlich.

5.2 Mögliche Verbesserungen und Änderungen

In Zusammenarbeit mit der ARS PROBATA GmbH sind Dokumente zur Qualitätsverbesserung überarbeitet worden. Die Verbesserungsmaßnahmen sind kursiv gekennzeichnet. Hierbei handelt es sich um:

1. Leistungsbeurteilung für Auditoren,
2. Stellenbeschreibung für Auditor/Prüfer/Kontrolleur,
3. AP-Witnesscheckliste,
4. Verfahrensanweisung zur Weiterbildung.

1. Leistungsbeurteilung für Auditoren

Tabelle 19: Leistungsbeurteilung der Auditoren (ARS PROBATA GmbH)

Grundlagen	Erfüllungsgrad		
	übertroffen	entspricht	entspricht nicht
Arbeitsausführung			
Fachliche Kenntnis-			
Lernverhalten			
Belastbarkeit			
Problemlösungsverhalten			
Kritikverhalten			
Kommunikationsverhalten			
Kooperationsverhalten			
Zielorientiertes Verhalten			
Kostenbewusstes Verhal-			
Gewissenhaftigkeit			
Leistungsverhalten			
Emotionale Stabilität			
Selbstbewusstsein			

Zur Hilfe der Bewertungsfindung sind hier die oben genannten Definitionen zu berücksichtigen. Auch die Ergebnisse aus der Auswertung vom Testverfahren BIP haben ein gutes Repräsentationspotential. Dies jedoch obliegt der Zertifizierungsstellenleitung.

2. Stellenbeschreibung für Auditor/Prüfer/Kontrolleur (Stand 2005)

Für den Bereich Stellenbeschreibung wird der Auszug «Stellenanforderungen» betrachtet. Die hier vorgestellten Anforderungen werden einmal im Original und in der neuen modifizierten Variante vorgestellt.

Original:

fachliche Qualifikation:

- Voraussetzung sind eine geeignete fachliche Qualifikation auf einem Fachgebiet des Auditierungsgegenstandes, Berufserfahrung unter Beachtung der System- Standardanforderungen

Persönlichkeitsstruktur:

- Seriöse und souveräne Persönlichkeitsstruktur
- Die Fähigkeit, eine strukturierte und sachlich/ konstruktive Auditierung durchzu-führen
- Ausprägung von kommunikativen Fähigkeiten

Modifiziert zur Verbesserung:

fachliche Qualifikation:

- *Voraussetzung sind eine geeignete fachliche Qualifikation auf einem Fachgebiet des Auditierungsgegenstandes, Berufserfahrung unter Beachtung der System- Standardanforderungen*
- *Die Fähigkeit, eine strukturierte und sachlich/ konstruktive Auditierung durchzuführen*
- *Ausprägung von kommunikativen Fähigkeiten*

Persönlichkeitsstruktur:

- *Präferenz für Sozialverhalten, welches von Freundlichkeit geprägt ist, gutes Gespür für sozial Situationen; Interpretation und Zuordnung von Verhaltensweisen*
- *Besitzt Präferenzen im Bereich Kontaktfähigkeit; keine Probleme beim Zugehen auf andere Menschen*
- *Ausgeglichen und beständig; rasche Überwindung von Rückschlägen und Misserfolgen; ausgeprägte Fähigkeit zur Kontrolle eigener emotionaler Reaktionen*

3. AP-Witnesscheckliste (Stand 2008)

Die Witnesscheckliste dient der Bewertung des Auditors und seiner Arbeit. Dies erfolgt über den gesamten Prozess der Auditierung.

Im Prüfkapitel «Auditverhalten» der Witnesscheckliste, werden Anforderungen an das Kommunikationsverhalten bewertet. Dies sind:

- Aktivierende Fragetechnik,
- Nachhaken bei Unklarheiten,
- Umgang mit Störungen und Einwände,
- offene Fragen und
- offener Blickkontakt.

Eine Kalibrierung der Auditoren auf diesem Gebiet ist unverzichtbar. Daher sollten bei Bedarf auch diese Punkte in einer Kommunikationsschulung eingearbeitet werden.

Das Prüfkapitel «Sonstiges» beinhaltet die Anforderung «Auditatmosphäre». Dieser Punkt bietet eine bessere Beurteilung durch Aufsplittung. Folgende *neue* Punkte ergeben sich daraus:

- *freundliches Auftreten*
- *guter Kontaktaufbau zu Ansprechpartnern*
- *bietet eine offene aber sachliche Atmosphäre*

Ein weiterer Punkt unter Kapitel «Sonstiges», ist die Beurteilung des *äußeren Erschei- nungsbildes.* Wie in Kapitel „2.1.1 Kompetenzvermittlung" beschrieben, ist das ein nicht zu unterschätzendes Kriterium.

4. Verfahrensanweisung zur Weiterbildung (Stand 2005)

Die Verfahrensanweisung zur Weiterbildung regelt unter anderem:

- Zweck,
- Anwendungsbereich,
- Beschreibung (Inhalt),
- Bedarfsermittlung,
- Planung,
- Umsetzung,
- Verantwortlichkeitsmatrix und
- Mitgeltende Unterlagen.

Im Punkt «Beschreibung» finden sich drei Schlüsselanforderungen der ARS PROBATA GmbH.

Dies sind:

1. Höchste Fachkompetenz,
2. Seriöse Persönlichkeitsstruktur mit ausgeprägten Fähigkeiten in Kommunikation,
3. selbständige und flexible Arbeitsmethoden.

Der [59]Bedarf wird im Rahmen der Einarbeitung ermittelt. Ein weiterer Ermittlungspunkt für den Bedarf ist der Aufgabenbereich im regulären Arbeitsprozess und durch die jeweiligen Anforderungen verschiedener Standards und/oder Systeme.

Dabei ist der Bedarf zu Punkt 2 noch nicht abgedeckt. Ein Hinweis auf Coachingbedarf in Kommunikationstechnik und soziodynamischen Fragen liegt nicht vor und wird als erforderlich eingestuft. In welchem Maße dies zu ändern ist obliegt der Zertifizierungsstellenleitung.

Weitere Verbesserungen

[60]Die hier erarbeiteten Methoden sind eine solide Grundlage für ein «Bewerberauswahlverfahren». Auditorkandidaten werden anhand der erarbeiteten Verhaltensausprägung beobachtet, beschreibend und beurteilt. Hierbei sind Verhaltenssimulationen, Arbeitsproben etc. über einen längeren Zeitraum zu bewerten. Auch für interne Personalprüfungen lassen sich im Rahmen von Potenzialanalysen oder Job-Match-Analysen anwenden.

Inhalte von Assessment-Centern sind:

- strukturierte Interviews
- Gruppendiskussionen (Jeder gegen Jeden)
- Postkorbübungen (Arbeitsfähigkeit eines Bewerbers unter zeitlichem Stress untersuchen)
- Rollenspiele
- Präsentationsaufgaben, einzeln oder in Kleingruppen,
- Fragebögen (psychometrische Testverfahren)
- Abschlussgespräch mit Auswertung

Weitere Potentiale dieser Arbeit sind denkbar, denn die Lebensmittelbranche ist auf gute Auditoren angewiesen.

---

[59] Der Weiterbildungsbedarf
[60] (vgl. Unbekannt, 2008)

6. Zusammenfassung

Das Berufsbild des Auditors in der Lebensmittelbranche ist komplex und anspruchsvoll. Für die Tätigkeit des Auditors ist Sozialkompetenz nötig. Sein Auftreten und seine Ausstrahlung sind wichtige Aspekte, die seine Arbeit positiv beeinflussen. Hierzu gehört auch die bewusste Vermittlung seiner Kompetenz. Ein weiterer Punkt ist die Kommunikation. Sie ist Handwerkszeug und daher erlernbar. Der Aufbau der Kommunikation muss in Struktur und in Anwendung verstanden sein. Ein gutes Coaching in diesem Bereich erhöht die Arbeitsqualität erheblich, zum Beispiel wird ein fachlicher Austausch, welcher auf einer gemeinsam erlernten Grundlage geführt wird, dadurch verbessert.

Spezifische Vorgaben aus Normen, von Systemgebern und Zertifizierungsstellen ergeben ein ausgeprägtes Anforderungsprofil eines Auditors. Dies lässt Tendenzen und Wichtungen zu. Gewünschte Eigenschaften sind in ihrer Verteilung nicht gleichwertig, was ein spezifisches Bild erlaubt.

Die genutzte Prüfmethodik für die Persönlichkeitseigenschaften ist das Bochumer Inventar zur berufsbezogenen Persönlichkeit (BIP). Dieser speziell für die Wirtschaft entwickelte Test ist auf den „perfekten Auditor" modifiziert und kalibriert worden. Der optimale „theoretische" Auditor korreliert, nach den Erkenntnissen dieser Diplomarbeit, in vielen Punkten mit der Wirklichkeit. Die Tendenzen zwischen Anspruch und Wirklichkeit sind ähnlich, lediglich deren Ausprägungen sind nicht gleichstark. Die erarbeitete Checkliste (siehe Seite 64 und Seiten 89/90) ist ein Werkzeug zur Suche fehlender Fachkompetenzen. Abweichungen von der Wirklichkeit sind hier jedoch festzustellen (siehe Seite 93 unten). Gewonnene Ergebnisse bieten jetzt schon Chancen und Möglichkeiten zielgerichtete Qualitätslenkungsinstrumente für Auditoren zu erstellen und zu verbessern.

Auf der Basis dieser Diplomarbeit lässt sich ein Bewerberauswahlverfahren errichten und vorhandene Auswahlverfahren modifizieren. Für Präzisierung des erstellten Verfahrens wäre ein Ringversuch mit anderen Zertifizierungsstellen und Interessenten aus der Kontrolle und der Überwachung zu empfehlen. Die dadurch gewonnenen Daten können, im wissenschaftlichen Vergleich, die Methodik verfeinern und höher qualifizieren.

Der Kreuzweg zwischen Theorie und Wirklichkeit, im Berufsbild des Auditors, ist nicht im Übermaß ausgeprägt. Die Ansprüche sind in der Wirklichkeit im Wesentlichen umsetzbar. Dieses Ergebnis sollte Motivation sein, für alle beteiligten eines Auditprozesses, die Qualität der Auditoren und deren Auditierung ständig zu verbessern.

7. Literatur- und Quellenverzeichnis

British Retail Consortium BRC (Global Standard für Lebensmittelsicherheit) Version 5 [Buch] / Übers. GmbH DQS. - London : TSO (The Stationary Office), 2008. - Bd. 5.

DIN Deutsches Institut für Normung e.V DIN EN 45011 // Allgemeine Anforderungen an Stellen, die Produktzertifizierungssysteme betreiben. - [s.l.] : Beuth Verlag GmbH, 1998.

DIN Deutsches Institut für Normung e.V. DIN EN 19011:2002 (D/E) // Leitfaden für Audits von Qualitätsmanagement- und oder/ Umweltmanagementsysteme. - [s.l.] : Beuth Verlag GmbH, 2002.

HDE Working Group International Food Standard Version 5 [Buch] = IFS. - Berlin : HDE - Hauptverband des Deutschen Einzelhandels e.V., 2007.

Hossiep, Rüdiger und Mühlhaus, Oliver Personalauswahl und -entwicklung mit Persönlichkeitstests [Buch]. - Göttingen : Hogrefe Verlag GmbH & Co. KG, 2005. - Bd. 9. - ISBN: 3-8017-1490-X.

Hossiep Rüdiger und Paschen Michael Das Bochumer Inventar zur berufsbezogenen Persönlichkeitsbeschreibung (Manual) [Buch]. - Göttingen : Hogrefe-Verlag GmbH & Co. KG, 2003. - Bd. 2. - Best. Nr. 0121202.

Kienbaum Consultants International GmbH berufsstart.stepstone [Online] // berufsstart.stepstone. - Kienbaum Consultants International GmbH. - 1. August 2008. - http://www.berufsstart.stepstone.de/content/de/de/b2c_Nachwuchs_Mangelware.cfm.

Ostendorf, Fritz und Angleithner, Alois NEO-PI-R Manual [Buch]. - Göttingen : Hogrefe-Verlag, 2004.

Preußners, Dirk Sicheres Auftreten für Ingenieure im Vertrieb [Buch]. - Wiesbaden : Betriebswirtschaftlicher Verlag Dr. Th. Gabler/ GWV Fachverlage GmbH, 2006. - 1. Auflage. - ISBN 3-8349-0045-1.

QS Qualität und Sicherheit http://www.q-s.info/Dokumente.203.0.html [Online] // http://www.q-s.info/Dokumente.203.0.html. - 1. Januar 2008. - 4. August 2008. - http://www.q-s.info/Dokumente.203.0.html.

Schneewind, Klaus A. und Graf, Johanna 16 PF-R Testmanual [Buch]. - Göttingen : Hans Huber Verlag, 1998. - Revidierte Fassung : Bd. 1. - ISBN 3-456-83099-8.

Schulz von Thun, Friedmann Miteinander Reden - Störung und Klärung [Buch]. - Reinbek bei Hamburg : Rowohlt Taschenbuch Verlag GmbH, Januar 2008. - Bd. 1 : 3.

Unbekannt Wikipedia die freie Enzyklopädie [Online] // Wikipedia die freie Enzyklopädie. - Wikipedia, 10. Juli 2008. - 24. juli 2008. - http://de.wikipedia.org/wiki/Assessment-Center.

8. Anhang

Abbildungsverzeichnis

Tabellenverzeichnis

Diagrammverzeichnis

Beispiel Vorbereitungsmail

Hallo zusammen!

wie Sie wissen, schreibe ich eine Studie zum Thema:
"Der Auditor in der Lebensmittelbranche - Berufsbild im Kreuzweg zwischen Theorie und Wirklichkeit."
Für die Auswertung der theoretischen Betrachtungen ist der Vergleich mit dem wirklichen Leben erforderlich.

Deshalb werde ich Ihnen per Post einen Fragebogen und ein Begleitheft für einen berufsbezogenen Persönlichkeitsfragebogen zusenden.
Die Teilnahme ist freiwillig. Es wäre jedoch hilfreich für seine Arbeit, wenn Sie einer Teilnahme zustimmen würden.
Bei Zustimmung planen Sie bitte ca. eine Stunde für den Fragebogen ein.
Die Fragen beziehen sich auf das Verhalten und Erleben im Berufsleben.

Sie erhalten das Ergebnis der Auswertung für Ihre Person. Die Summe der Ergebnisse soll dazu beitragen, einen Abgleich mit den theoretischen Vorstellungen zu ermöglichen und somit auch den "Normenvorgebener" eine realistisches Bild zu vermitteln und
Dokumente und Verfahrensabläufe zu optimieren.
Dieser Fragebogen (wie jeder andere auch) ist natürlich subjektiv und bietet nicht das Nonplusultra einer Bewertung.
Diesbezüglich ist er auch nur ein *Teil* der Studie.

Dieser Fragebogen ist nicht willkürlich entstanden, sondern ich habe mich für diesen nach umfangreichen Recherchen entschieden.
Die Fragen sind praxisbezogen und greifen nicht in die medizinisch-psychische Analytik.
Das Begleitheft gibt Ihnen nähere Informationen zu diesem Fragebogen.

Ich wurde zur Verschwiegenheit zu den Ergebnissen und zum vertraulichen Umgang mit den Daten verpflichtet - selbstverständlich erfolgt die Auswertung anonym - und eine Rückverfolgung über die Studie ist ausgeschlossen.
Für Fragen stehe ich jederzeit gern auch am Wochenende für Sie zur Verfügung.

Wir würden uns freuen, wenn Sie mithelfen, den Dschungel an unerschöpflichen Anforderungen an Auditoren etwas zu strukturieren.

Bitte senden Sie die ausgefüllten Unterlagen und das Begleitheft bis zum xxxx an mich, persönlich ins Büro.

Anbei auch zu Ihrer Information Angaben zu den rechtlichen Rahmenbedingungen.
Vielen Dank für Ihre Unterstützung.

Rechtliche Rahmenbedingungen

Der Arbeitgeber ist verpflichtet, die Persönlichkeit des Bewerbers zu achten. Ein Verstoß gegen diesen Grundsatz wäre der Einsatz von Testverfahren, die gegen das allgemeine Persönlichkeitsrecht verstoßen. Es handelt sich hierbei nur um sog. Richterrecht. Der Verstoß liegt bei Eingriff in die Individual-, Privat- oder Intimsphäre vor. Je tiefer liegend die jeweilige Ebene ist, umso stärker ist sie gesetzlich geschützt. Beim Einsatz, spätestens aber bei Auswertung und Interpretation von Persönlichkeitstests liegt ein Eingriff in das allgemeine Persönlichkeitsrecht in der Regel vor. Dieser Eingriff ist jedoch dann gerechtfertigt, wenn der Bewerber in die psychologische Begutachtung einwilligt. Die Einwilligung erfolgt durch die Teilnahme. Zur rechtsgültigen Einwilligung gehört von Seiten der durchführenden Institution im Vorfeld die korrekte Aufklärung über Art und Umfang der Untersuchung. Erfolgt dies nicht, ist die Einwilligung nicht rechtsgültig. Die Einwilligung ist auch darin rechtsungültig, wenn der Test in unangemessener Weise in die Intimsphäre eindringt.

1. Die Durchführung von Persönlichkeitstests ist nur zulässig, wenn...

der Bewerber eingewilligt hat. Dazu gehört, dass dem Bewerber über Art und Umfang des Verfahrens sowie bezüglich der Folgen des Eingriffs in sein Persönlichkeitsrecht zutreffende Vorstellungen vermittelt worden sind. Ist die Bedeutung des Testergebnisses für die Personalauswahl in einer Auswahlrichtlinie nach § 95 Betriebsverfassungsgesetz (BetrVG) geregelt, ist der Bewerber darüber zu informieren.

arbeitsplatzbezogene Merkmale erfasst werden bzw. wenn nachgewiesen werden kann, dass die erhobenen Merkmale für den Arbeitsplatz von Bedeutung sind.

2. Eingesetzt werden dürfen nur Verfahren, die...

nicht in die Intimsphäre eingreifen/eindringen (z. B. religiöse oder sexuelle Neigungen erfragen/prüfen).

objektiv betrachtet arbeitsplatzbezogen sind (also nur, wenn die interessierenden Personenmerkmale relevant für die Erfüllung der Tätigkeitsanforderungen sind).

mit wissenschaftlichen Methoden ihre Zuverlässigkeit bewiesen haben.

3. Dem Arbeitgeber bzw. Auftraggeber darf mitgeteilt werden:

Das Eignungsurteil.

Eine ausführliche Begründung (rechtlich nicht eindeutig; in der Praxis häufig in Form von (Kurz-)Gutachten).

Es darf *nicht* das gesamte Untersuchungsmaterial ausgehändigt werden (bei Durchführung durch Psychologen).

4. Mitbestimmung des Betriebsrates:

Zur Klärung der Mitbestimmungsrechte der Personal- bzw. Arbeitnehmervertretungen kommt es darauf an, ob Tests als Personalfragebogen, allgemeine Beurteilungsgrundsätze, oder Auswahlrichtlinie anzusehen sind.

Mitbestimmungsrechte können sich nur dann ergeben, wenn die betroffenen Arbeitnehmer keine leitenden Angestellten im Sinne des BetrVG sind.

Einige psychometrische Tests können unter bestimmten Umständen mitbestimmungsfrei sein, wenn Sie von Psychologen durchgeführt werden.

Gemäß § 94 BetrVG darf der Arbeitgeber ohne Mitbestimmung des Betriebsrates einzelne mündliche psychologische Tests in Einzelfällen durchführen, aber nicht als Teil eines allgemeinen Einstellungsverfahrens (z. B. nicht als standardisiertes Interview oder mündliches Assessment Center). Wenn Äußerungen des Bewerbers schriftlich festgehalten werden, ist der Betriebsrat mitbestimmungsberechtigt.

Tiefenbeschreibung *für die Diagrammergebnisse von Diagramm 4: Persönlichkeitsbild AP 1/ AP 0 bis Diagramm 11: Durchschnittliches Gesamtbild der Probanden gegenüber AP 0 (Hossiep, et al., 2003)*

Bereich I: Berufliche Orientierung

Leistungsmotivation/Niedrige Skalenwerte

Immer und jederzeit Höchstleistungen zu vollbringen ist nicht das vordringliche Anliegen von Personen, die geringe Werte auf dieser Skala aufweisen. Dem beständigen Ausschöpfen der eigenen Leistungsreserven messen sie kein positives Gewicht bei. Sie könnten einige Aufgaben im Prinzip besser bewältigen, verfügen aber nicht über den Ehrgeiz, stets höchsten Ansprüchen zu genügen. Wenn absehbar ist, dass sich ein Ziel nur schwer erreichen lässt, wird nicht weiter daran festgehalten. Stattdessen erfolgt gegebenenfalls eine Neuorientierung oder Prioritätenverschiebung. Das Vollbringen außergewöhnlicher beruflicher Leistungen ist für diese Personen kein zentraler Anreiz. Im wirtschaftlichen Kontext werden sie bisweilen dadurch beschrieben, dass ihnen der nötige „Drive" fehle. Die Genügsamkeit hinsichtlich des eigenen Anspruches führt dazu, dass Personen mit einem gering ausgeprägten Leistungsmotiv nur wenig durch anspruchsvolle und herausfordernde Aufgaben zu motivieren sind, was bei der Führung dieser Personen unbedingt berücksichtigt werden sollte. Ein gering ausgeprägtes Leistungsmotiv ist im Erwachsenenalter vermutlich nur schwer zu verändern, so dass bei Platzierungen darauf zu achten ist, andere relevante Motivatoren zu identifizieren. Diejenigen Tätigkeiten, die vorrangig Personen mit einem starken Leistungsmotiv anziehen, etwa Unternehmer, Berater oder Linienmanager der höheren Ebenen, erscheinen weniger attraktiv oder erstrebenswert.

Leistungsmotivation/Hohe Skalenwerte

Personen mit ausgeprägt hohen Skalenwerten stellen enorme Anforderungen an die eigene Leistung und nehmen auch überdurchschnittliche Anstrengungen auf sich, um tatsächlich zu erreichen, was sie sich vorgenommen haben. Selbst besonders anspruchsvolle Aufgaben und Problemstellungen wirken verstärkend auf ihr Engagement und motivieren sie, mit noch größerer Energie an deren Bewältigung zu arbeiten. Es wird auch dann an Zielen festgehalten, wenn erkennbar ist, dass sich diese nur schwer erreichen lassen. Bei ihrer Tätigkeit stellen sie hohe Anforderungen an sich selbst und arbeiten mit Entschlossenheit daran, ihrem eigenen Gütemaßstab gerecht zu werden. Diese Personen werden in erheblichem Maße dadurch motiviert, dass ihnen die Möglichkeit eröffnet wird, außergewöhnliche berufliche Leistungen zu erbringen. Hohe Werte sprechen für die Bereitschaft, wesentliche Lebensenergien in die für den Teilnehmer wichtigen Ziele zu investieren. Im Extremfall werden die eigenen Ziele fortwährend nach oben korrigiert, um die Herausforderung aufrecht zu erhalten. Sehr leistungsmotivierte Personen sind häufig mit ihren Ergebnissen nur kurzfristig zufrieden und streben nach einer ständigen Optimierung ihrer Kompetenzen. Insbesondere bei extrem leistungsmotivierten Personen führt dieses Bemühen in vielen Fällen zu einem kontinuierlichen Ausschöpfen oder sogar Überschreiten der physischen Belastbarkeitsgrenzen - mit allen damit einhergehenden Risiken, die in Rückmeldegesprächen thematisiert werden sollten. Hoch leistungsmotivierte Personen suchen im Allgemeinen gern solche beruflichen Kontexte auf, in denen viel Spielraum „nach oben hin" besteht und sich die Ergebnisse des eigenen Engagements möglichst genau nachvollziehen lassen, wie etwa im Vertrieb oder freien Unternehmertum. Diese Personen können im Berufsleben bisweilen durch folgendes Motto beschrieben werden: Höher, schneller, weiter.

Bereich I: Berufliche Orientierung

Gestaltungsmotivation/Niedrige Skalenwerte

Personen mit gering ausgeprägtem Gestaltungsmotiv verspüren wenig inneren Antrieb, sich für Veränderungen und Umstrukturierungen ihrer Umgebung zu engagieren. Ihre Stärke liegt eher in der Kontinuität und Wahrung des Bestehenden. Große Einflussmöglichkeiten auf Prozesse in ihrer Tätigkeit stellen keinen bedeutsamen motivierenden Faktor dar. Es bereitet ihnen keine Schwierigkeiten, sich in bestehende Strukturen einzufügen und im Rahmen von vorgegebenen Grenzen zu agieren. Die Möglichkeit, auf das Umfeld einzuwirken und Prozesse in ihrem Sinne zu beeinflussen, übt wenig Anziehungskraft aus. Macht ist für sie ein wenig positiv besetzter Begriff und Spielräume zur Machtausübung werden nicht aktiv aufgesucht und ausgebaut. Gerade für Tätigkeiten, bei denen die konsequente Ausnutzung von Gestaltungsspielräumen eine wichtige Voraussetzung ist, scheinen solche Personen weder motiviert noch passend. Auf der anderen Seite können gering gestaltungsmotivierte Personen sowohl leistungsfähig als auch beruflich zufrieden solchen Tätigkeiten nachgehen, die eine starke Anpassung an bestehende Strukturen verlangen und in dieser Hinsicht weniger Spielräume für Veränderungen bieten. Hingegen ist die Platzierung ausgeprägt gestaltungsmotivierter Personen gerade in vorgenannte Settings nicht zu empfehlen, da sie wahrscheinlich rasch Unzufriedenheit mit ihrer Tätigkeit empfänden.

Gestaltungsmotivation/Hohe Skalenwerte

Für Personen mit hohen Werten auf dieser Skala ist es von großer Bedeutung, sich aktiv an einer Veränderung und Gestaltung ihrer Umgebung zu beteiligen. Dementsprechend wird eine berufliche Tätigkeit mit hohem Gestaltungsspielraum angestrebt. Vorstellungen und Ideen werden mit hohem Engagement verfolgt. Gestaltungsmotivierte Personen sind bereit, auch gegen deutliche Widerstände anzugehen, wenn sie eine Aufgabenstellung begeistert. Oftmals muss man diese Menschen eher „bremsen als anschieben". Es ist sehr motivierend für sie, wenn es ihnen gelingt, Missstände zu beseitigen, etwas Neues durchzusetzen und eigene Vorstellungen zu verwirklichen. Für Führungskräfte, die mit ihren Unternehmen unter sich rasch verändernden Umgebungsbedingungen agieren müssen, ist eine hohe Gestaltungsmotivation vorteilhaft, da für diese Personen die Tätigkeit selbst zahlreiche Anreize bietet - unter derartigen Rahmenbedingungen müssen kontinuierlich neue Gestaltungsspielräume erschlossen, Strukturen verändert und Prozesse optimiert werden. Die Möglichkeit zur Machtausübung stellt für diese Personen einen wichtigen Anreiz für berufliche Leistungen und großen beruflichen Einsatz dar. Allerdings ist eine hohe Ausprägung des Gestaltungsmotivs nicht per se vorteilhaft, sondern insbesondere dann wünschenswert, wenn Tätigkeit oder Position auch die notwendigen Freiräume ermöglichen.

Bereich I: Berufliche Orientierung

Führungsmotivation/Niedrige Skalenwerte

Im Rahmen der beruflichen Tätigkeit andere Menschen zu führen, stellt für Personen mit niedrig aus-geprägten Skalenwerten keinen nachhaltigen Anreiz dar. Fachliche Kompetenzen stehen demgegenüber vermehrt im Mittelpunkt ihres Engagements. Es widerstrebt ihnen eher, in den Handlungsspielraum anderer einzugreifen oder sich in Gruppen um die Führung zu bemühen. Beim Erteilen von Anweisungen fühlen sie sich „nicht ganz wohl in ihrer Haut", wenn eine Leitungsfunktion zur Disposition steht, bemühen sie sich nicht mit Nachdruck um deren Übernahme. In Arbeitsgruppen werden persönliche Fähigkeiten eher zur Bewälti-gung von fachlich anspruchsvollen Aufgaben eingesetzt. Während die Skala Gestaltungsmotivation auf die Motivation zur Einflussnahme auf Prozesse und Strukturen abzielt, wird mit der Skala Führungsmotivation das Bestreben zur sozialen Einflussnahme -also Führung im engeren Sinne - erfasst. Personen mit niedrigen Werten weisen nicht nur ein geringeres Motiv zur Wahrnehmung von Führungsaufgaben auf, ihnen fehlen auch einige für Führungskräfte typische Facetten des Selbstbildes, etwa die Ausstrahlung von Autorität. Bei zahlreichen Personen mit niedrigen Werten auf dieser Skala geht das geringere Führungsmotiv mit einer hohen Wertschätzung für fachlich anspruchsvolle Aufgaben einher. Sie sehen sich eher als Spezialisten oder in Stabsfunktionen, weniger in direkter Linienverantwortung. Es fehlt in der Regel die für eine erfolgreiche Wahrnehmung von Führung notwendige gewisse „positive Aggressivität" - Führung muss als intentionale Beeinflussung gewollt werden.

Führungsmotivation/Hohe Skalenwerte

Bei hohen Werten auf dieser Skala ist Folgendes zu überprüfen: Insbesondere wenn Führungskräfte bereits über längere Zeiträume hinweg Führungsverantwortung wahrnehmen, sind die Gelegenheiten zu offenen und realistischen Rückmeldungen hinsichtlich ihres Verhaltens häufig stark eingeschränkt. Die Skalenaus-prägung korrespondiert deutlich mit der tatsächlich erreichten Hierarchiehöhe, insofern wird also das für Führungskräfte typische Selbstbild abgebildet. Allerdings enthält die Skala vor allem positiv konnotierte Aspekte des Führungsverhaltens, wie etwa Begeisterungs- und Motivationsfähigkeit. Es ist nicht auszu-schließen, dass es bei dieser Dimension zu gewissen Diskrepanzen in der Selbst- und Fremdwahrnehmung kommen kann. In diesem Zusammenhang können, beispielsweise im Rahmen von Coaching-Maßnahmen, durchaus auch einzelne Itembeantwortungen als Gesprächsgrundlage herangezogen und gegebenenfalls mit Fremdeinschätzungen verglichen werden.

Bereich II: Arbeitsverhalten

Gewissenhaftigkeit/Niedrige Skalenwerte

Personen mit niedrigen Skalenwerten investieren nur ungern viel Aufwand in die hundertprozentige und sehr präzise Ausführung von Aufgaben. Wenn es auf Einzelheiten und Geduld ankommt, verlieren die Tätigkeiten relativ schnell an Attraktivität. Sie schätzen stattdessen eher pragmatische Lösungen und sind der Ansicht, dass nicht jedes Arbeitsergebnis vollkommen sein muss - was einem „Mut zur Lücke" entspricht. Spontaneität ist ihnen wichtiger als das exakte Einhalten von Vereinbarungen und Fristen. Aufgaben, die über lange Zeiträume hinweg mit hohen Anforderungen an Ausdauer und Sorgfalt verbunden sind, werden weniger gern bearbeitet. Wenig gewissenhafte Personen engagieren sich bevorzugt für Tätigkeiten, bei denen ohne langwierige Vorbereitungen und Durchführungsregularien gehandelt werden kann.

Bei einer Reihe von Aufgaben werden eher Pragmatiker als Perfektionisten, eher Personen mit schnellen Entschlüssen und geringer Detailorientierung gesucht. Gerade höhere Führungskräfte sind vielfach tendenziell weniger gewissenhaft. Sie sehen sich eher als Personen, die einen groben Überblick behalten. Demgegenüber existieren Tätigkeiten, bei denen eine hohe Gewissenhaftigkeit unabdingbare Voraussetzung ist, etwa bei vielen Aufgaben im technischen Bereich oder im Controlling. Dort kann eine niedrige Ausprägung möglicherweise ein für die Aufgabenerfüllung relevantes Risikopotenzial darstellen.

Gewissenhaftigkeit/Hohe Skalenwerte

Bei der Planung und Ausführung von Tätigkeiten erweisen sich ausgeprägt gewissenhafte Personen als höchst verlässlich. Sie versuchen, jede begonnene Aufgabe so gründlich und präzise wie möglich zu bearbeiten. Dabei ist ihnen das korrekte Einhalten von Vereinbarungen und Fristen sehr wichtig. Sorgfalt ist für sie von großer Bedeutung, auch wenn sie häufig viel Zeit und Energie investieren müssen, damit die Arbeitsergebnisse ihren persönlichen Standards genügen. Sie bleiben auch dann noch ausdauernd bei der Sache, wenn es auf Einzelheiten und Details ankommt. Bei der Zusammenarbeit mit anderen achten sie ebenfalls auf deren Genauigkeit und Zuverlässigkeit: Da sie selbst einen hohen Einsatz für die optimale Aufgabenbearbeitung erbringen, erwarten sie auch von anderen eine entsprechende Sorgfalt. Sie vertiefen sich gern in Einzelheiten sowie die fundierte Lösung von Problemen. Für Tätigkeiten, die hinsichtlich Sorgfalt und Genauigkeit hohe Anforderungen stellen, sind sie besonders geeignet. Von anderen Menschen werden Personen mit extrem hohen Skalenwerten bisweilen als penibel, übergenau und perfektionistisch wahrgenommen. Die Skala ist leicht negativ mit dem Einkommen korreliert. Dies erscheint insofern plausibel, als gerade höhere Führungskräfte sich oftmals mit einer weniger gewissenhaften Auseinandersetzung mit Aufgabendetails zufrieden geben müssen. Hoch gewissenhafte Menschen suchen dagegen eher berufliche Herausforderungen, die eine vertiefte und sorgfältige Bearbeitung erfordern.

Bereich II: Arbeitsverhalten

Flexibilität/Niedrige Skalenwerte

Personen mit niedrigen Werten auf dieser Dimension fällt es eher schwer, sich auf wechselnde Bedingungen und Veränderungen einzustellen. Da sie sich in einem stabilen und klar geordneten Umfeld wohler fühlen, sagt ihnen eine ständige Konfrontation mit neuen Situationen nicht zu. In ihrer Tätigkeit bevorzugen sie definierte Aufgaben, die nicht mit einem hohen Maß an Uneindeutigkeit behaftet sind - bei Herausforderungen dieser Art arbeiten sie am effektivsten. Auf ihr Arbeitsumfeld wirken sie damit stabilisierend und berechenbar. Dagegen fühlen sie sich bei beruflichen Aufgaben vielfach nicht wohl, die durch ein hohes Maß an Ungewissheit charakterisiert sind.

Wenn Unternehmen vor massiven Veränderungsprozessen und Umstrukturierungen stehen, fällt es diesen Personen teils schwer, an die neuen Bedingungen zu adaptieren und sich adäquat darauf einzustellen. Meist sehen sie sich selbst als eher wenig beweglich und bevorzugen das Agieren in sicheren und berechenbaren Umfeldern. Der beständige Wandel in vielen Organisationen kann diese Personen vor nachhaltige Schwierigkeiten stellen. Bei der Platzierung ist es daher sinnvoll, ihnen Tätigkeiten anzubieten, die strukturell eine gewisse Kontinuität erwarten lassen.

Flexibilität/Hohe Skalenwerte

Personen mit hohen Skalenwerten fällt es außerordentlich leicht, sich auf wechselnde Bedingungen oder unvorhergesehene Veränderungen einzustellen. Sie schätzen es sehr, mit immer neuen Herausforderungen konfrontiert zu werden und sich mit unvertrauten Problemen zu beschäftigen. Unbekanntes verursacht bei ihnen keinerlei Unbehagen, denn sie verfügen über Improvisationstalent und sind stets offen für neue Erfahrungen. Sie werden vergleichsweise wenig dadurch beeinträchtigt, dass Aufgaben nicht klar definiert sind, da sie ein hohes Maß an Ungewissheit tolerieren können und neuen Situationen zuversichtlich begegnen.

Diese Personen passen sich bei Veränderungsprozessen rasch an neue Bedingungen an. Die Gefahr, dass Neuerungen „aus Prinzip" nicht mitgetragen werden, ist vergleichsweise gering. Risiken durch eine extrem hohe, isolierte Ausprägung dieser Dimension können in bestimmten beruflichen Kontexten bisweilen auftreten, wenn große Kontinuität zu den zentralen Anforderungen der Tätigkeit gehört. Dies ist z. B. der Fall, wenn Kundenbeziehungen sehr langfristig anzulegen sind.

Bereich II: Arbeitsverhalten

Handlungsorientierung/Niedrige Skalenwerte

Personen mit niedrigen Werten beschreiben sich als Menschen, die häufig unsicher hinsichtlich des optimalen Vorgehens bei der Bewältigung ihrer Aufgaben sind. Wenn sie eine Entscheidung für eine bestimmte Handlungsalternative getroffen haben, zögern sie eine gewisse Zeit, bis sie mit der Umsetzung beginnen. Hin und wieder fällt es ihnen schwer, die Aufmerksamkeit auf jeweils relevante Aspekte zu richten, da sie dazu neigen, sich von sachfremden Dingen ablenken zu lassen - etwa von weiteren, ungelösten Problemen. Besonders hei unangenehmen Aufgaben besteht eine Tendenz, deren Bearbeitung hinauszuschieben und zu verzögern. Für wenig handlungsorientierte Menschen ist es wichtig, sich immer wieder überschaubare und erreichbare Teilziele zu setzen - damit wird ihnen auch die Bewältigung von komplexen oder eher unangenehmen Tätigkeiten leichter gelingen.

Niedrig handlungsorientierte Personen neigen im Allgemeinen nicht zu „Schnellschüssen", sondern ringen oft lange mit sich, bevor sie eine Tätigkeit aufnehmen oder eine Entscheidung in die Tat umsetzen. Diese Bedachtsamkeit lässt sie auf ihre Umwelt gelegentlich umständlich oder zögerlich wirken. Allerdings ist auf die Qualität der Leistungen kein unmittelbarer Rückschluss möglich. Niedrig handlungsorientierte Personen quälen sich mehr, bevor sie ihre Vorhaben in Angriff nehmen. Sie müssen aber gegenüber hoch handlungsorientierten Personen in den Arbeitsergebnissen durchaus nicht zurückstehen. Tätigkeiten, die ein sehr rasches Handeln unter Unsicherheit verlangen, werden von niedrig handlungsorientierten Personen im Allgemeinen weniger geschätzt.

Handlungsorientierung/Hoher Skalenwerte

Personen mit hohen Skalenwerten gehen ihre Aufgaben außergewöhnlich rasch und zielorientiert an. Wenn eine Entscheidung für ein bestimmtes Vorgehen getroffen wurde, beginnen sie unverzüglich mit der Umsetzung ihrer Vorstellungen. Dabei sind sie in der Lage, ihre Aufmerksamkeit auf die augenscheinlich relevanten Aspekte zu richten, ohne sich von anderen Dingen ablenken oder lähmen zu lassen. Andere Informationen werden oft regelrecht ausgeblendet. Hoch handlungsorientierte Personen werden als Menschen wahrgenommen, die sich bei Schwierigkeiten nicht lange den Kopf zerbrechen, sondern zügig handeln. Sie setzen sich Ziele, die sie ausdauernd verfolgen, und verfügen dabei über ein hohes Maß an effektiver Selbstorganisation. Komplexe Aufgaben bewältigen sie durch eine Gliederung in erreichbare Teilziele.

Allerdings sei an dieser Stelle darauf hingewiesen, dass sehr handlungsorientierte Menschen Aufgaben zwar rasch in Angriff nehmen können und sich ihnen dann mit hoher Konzentration widmen, hieraus jedoch nicht unbedingt eine überlegene Qualität der Arbeitsergebnisse folgt. Vielmehr werden Tätigkeiten präferiert, bei denen auch unter Unsicherheit und wenig definierten Rahmenbedingungen rasch entschieden und gehandelt werden muss. Diesbezüglich kann ein Risiko darin bestehen, dass die Phase der Situationsanalyse und Informationssammlung vor einer Entscheidung zu kurz angelegt wird. Nach einem „Schnellschuss" werden dann eventuell Kurskorrekturen erforderlich, oder eine in der Retrospektive als falsch zu beurteilende Entscheidung wurde, möglicherweise aufgrund zugleich hoch ausgeprägter Durchsetzungsstärke, gegen Bedenken anderer „durchgeboxt".

Bereich III: Soziale Kompetenzen

Sensitivität/Niedrige Skalenwerte

Personen mit niedrigen Werten auf dieser Skala sind in einer Reihe sozialer Situationen eher unsicher in der Wahrnehmung der Befindlichkeit ihrer Gesprächspartner und ihrer Einschätzung angemessenen Verhaltens. Ihnen ist nicht immer deutlich, wie ihre Handlungen von anderen aufgefasst und interpretiert werden. In besonders schwierigen Gesprächssituationen fühlen sie sich deshalb möglicherweise überfordert. Vorstellbar ist aber auch, dass Gesprächssituationen und die Befindlichkeit der Gesprächspartner gar nicht als problematisch erlebt werden, obwohl dies in der Tat der Fall ist. Falls Aufgaben zu bewältigen sind, die ein hohes Maß an Sensitivität erfordern, beispielsweise Führungsaufgaben oder Tätigkeiten mit anspruchsvollen Kundenkontakten, kann in diesem Bereich noch deutlicher Bedarf hinsichtlich persönlicher Entwicklung bestehen. Für diese Personen ist es besonders wichtig, strukturierte und realistische Rückmeldungen darüber zu erhalten, wie sie in verschiedenen Situationen von anderen wahrgenommen werden. Hierzu bieten Coaching- und Trainingsmaßnahmen erfolgversprechende Ansatzpunkte.

Sensitivität/hohe Skalenwerte

Personen mit hohen Skalenwerten beschreiben sich als Menschen, die im Kontakt zu anderen über ein feines Gespür für deren Stimmungen verfügen und im Gespräch mitschwingende Emotionen und Konflikte differenziert wahrnehmen können. Sie finden bemerkenswert schnell heraus, wie diffizile Gesprächssituationen zu meistern sind. Dieses hohe Maß an Einfühlungsvermögen erlaubt ihnen, sich auch auf schwierige und schwer zugängliche Menschen sicher einzustellen, eine Vielzahl unterschiedlicher Situationen angemessen zu interpretieren und ihr Verhalten darauf abzustimmen. Dieses Fähigkeitsbündel ist insbesondere zur personennahen Begleitung von Veränderungsprozessen wichtig, bei denen meist auch unangenehme Entscheidungen durchzusetzen sind. Ein hohes Ausmaß an Sensitivität bietet insofern die Chance, die „zwischenmenschliche Ebene" angemessen zu berücksichtigen und diesbezügliche Handlungsergebnisse zu optimieren.

Gerade bei dieser Skala ist allerdings Folgendes zu beachten: In kaum einem Bereich sind Selbstbild Fremdbild-Diskrepanzen so wahrscheinlich wie bei dieser Dimension. Personen mögen sich als hoch einfühlsam und sensibel erleben, doch können Einschätzungen anderer in eine gegenteilige Richtung weisen. Es sollte daher bei dieser Skala Wert darauf gelegt werden, einen Abgleich von Selbst- und Fremdeinschätzung zu ermöglichen. Bei großen Diskrepanzen tritt häufiger die Schwierigkeit auf, dass wenig sensitive Personen nicht sehr zugänglich für diese Rückmeldungen sind.

Bereich III: Soziale Kompetenzen

Kontaktfähigkeit/Niedrige Skalenwerte

Personen mit niedrigen Skalenwerten verhalten sich in sozialen Situationen eher zurückhaltend und gehen seltener von sich aus auf andere Menschen zu. Es dauert in der Regel eine Weile, bis sie neue Bekanntschaften knüpfen. Dies kann einerseits darin begründet sein, dass ihnen ein kleiner Kreis von engen Freunden und Bekannten genügt. Eine zweite Facette liegt in einer gewissen Unsicherheit und Befangenheit in verschiedenen sozialen Situationen, so dass sie auf andere reserviert und zurückhaltend wirken. Wenn diese Personen berufliche Aufgaben übernehmen, die häufig die Initiative zur Kontaktaufnahme erfordern, etwa als Führungskraft oder bei Vertriebstätigkeiten, sollte in diesem Bereich durch Interventionsmaßnahmen eine Unterstützung erfolgen. Neben dem Zugehen auf andere Menschen fällt diesen Personen auch der Aufbau persönlicher Netzwerke, auf die sie bei Problemen zurückgreifen können, nicht leicht. Sie sind weniger offensiv im Aufbau von Beziehungen, und es fällt ihnen schwer, aktiv Bindungen - beispielsweise zu Kollegen oder Kunden - aufzubauen. Sie verhalten sich in dieser Hinsicht eher abwartend und wenig initiativ.

Bei dieser Skala ist Folgendes zu beachten: Introversion oder Extraversion sind in gewissem Sinne Facetten des Temperaments und damit sehr wahrscheinlich über längere Lebensphasen hinweg relativ stabil. Die mit dieser Skala erfassten Bereiche des Konstruktes, nämlich Kontakt- und Bindungsstärke, sind jedoch durch entsprechende Maßnahmen gewiss partiell förder bar.

Kontaktfähigkeit/Hohe Skalenwerte

Personen mit hohen Werten auf dieser Skala bereitet es keinerlei Schwierigkeiten, auf andere zuzugehen, Kontakte auch zu ihnen unbekannten Menschen herzustellen und ein Netz an persönlichen Beziehungen aufzubauen. Sie verfügen über große Sicherheit und Unbefangenheit im Umgang mit anderen Menschen. Sowohl im beruflichen wie auch im privaten Umfeld sind sie offen für den persönlichen Austausch und schätzen es, mit zahlreichen Personen in Verbindung zu stehen. Immer wieder auf neue Menschen treffen zu können, stellt für sie einen bedeutsamen Anreiz dar. Ihre zahlreichen Kontakte ermöglichen es ihnen, bei vielfältigen Problemen einen geeigneten Ansprechpartner zu finden. Für Führungsaufgaben oder Vertriebstätigkeiten ist eine hoch ausgeprägte Kontaktfähigkeit eine günstige Voraussetzung, außerdem erleichtert sie die Integration in bestehende Teams und festigt die Bindungen innerhalb einer Arbeitsgruppe.

Schwierig wird es für Personen mit hoher Kontaktfähigkeit vor allem bei Tätigkeiten, die nur wenige Möglichkeiten zum persönlichen Austausch bieten und viel Einzelarbeit erfordern. Die Aufnahme von Beziehungen und die Pflege von Kontakten bedeutet für diese Personen einen hohen Anreiz und wird häufig auch im Sinne eines Bedürfnisses nach kommunikativem Austausch ausdrücklich gewünscht.

Bereich III: Soziale Kompetenzen

Soziabilität/Niedrige Skalenwerte

Personen mit niedrigen Werten in diesem Bereich gehören nicht zu den Menschen, die überall beliebt sein möchten. Es ist für sie wenig bedeutsam, von anderen als angenehm im Umgang und stets rücksichtsvoll wahrgenommen zu werden. Kritik und unangenehme Wahrheiten sprechen sie offen aus und nehmen dabei in Kauf, andere gelegentlich vor den Kopf zu stoßen. Sie tolerieren es, Missmut auf sich zu ziehen, denn für sie führt häufig nicht Harmonie, sondern Reibung und Auseinandersetzung zum Ziel. Auf andere Menschen wirken sie markant oder auch provokant. Man weiß von ihnen, dass sie ehrlich aussprechen, was sie denken und nicht zu den Personen gehören, die anderen schmeicheln, um Sympathien zu erlangen. Durch diese Einstellung gelingt es ihnen, sich auch für unpopuläre Maßnahmen einzusetzen, bei deren Umsetzung sich andere vergleichsweise schwer tun würden.

Für nicht wenige Tätigkeiten ist eine niedrige Soziabilität sicherlich eher vorteilhaft als nachteilig. Mit ihr ist eine hohe Unabhängigkeit von zwischenmenschlicher Harmonie verbunden, die es erlaubt, auch spannungsgeladene Konflikte sachgerecht auszutragen und sie nicht durch unzuträgliche Kompromisse oder frühzeitige Harmonisierungen zu überdecken. Gerade für Aufgaben, bei denen eine markante Polarisierung zumindest streckenweise erforderlich ist, etwa bei Strafverteidigern, erweist sich eine niedrige Soziabilität als günstig. Mögliche Schwierigkeiten entstehen mit diesen Personen am ehesten bei der reibungslosen Integration in Teams. Die Ausprägung der Skala Teamorientierung liefert hierzu entsprechende Anhaltspunkte.

Soziabilität/Hohe Skalenwerte

Für Personen mit hohen Werten bei dieser Skala ist es bedeutsam, von anderen als freundlich und rücksichtsvoll wahrgenommen zu werden. Sie schätzen ein harmonisches Miteinander und bemühen sich, ausgleichend und integrierend auf ihr Umfeld einzuwirken. Wenn sie andere Menschen kritisieren müssen, so tun sie dies vorzugsweise indirekt oder „durch die Blume", weil sie vermeiden möchten, ihre Gesprächspartner vor den Kopf zu stoßen. Es fällt ihnen schwer, Unangenehmes offen anzusprechen, wenn sie dadurch Ärger oder Missmut auf sich ziehen könnten. Sie treten anderen Menschen in der Regel mit Wohlwollen gegenüber und werden daher als unterstützend und liebenswürdig erlebt.

Die mit einer hohen Soziabilität einhergehende Bereitschaft, großzügig und wohlwollend auf Fehler anderer zu reagieren und die Bereitwilligkeit, eine gewisse Anpassungsleistung an die Bedürfnisse der sozialen Umgebung zu vollbringen, erleichtern diesen Personen in Allgemeinen die Integration in Teams. Sie sind gleichermaßen beliebt wie hilfsbereit, wirken bisweilen sogar opportunistisch und übernehmen bei Konflikten gern eine ausgleichende, moderierende Funktion. Nachteilig wirkt sich - insbesondere in Führungsfunktionen - ein gewisses Harmoniestreben aus, so dass in Einzelfällen möglicherweise zu lange eine einvernehmliche Lösungsstrategie verfolgt wird, obwohl es angezeigt wäre, mit größerer Entschiedenheit und Härte aufzutreten.

Bereich III: Soziale Kompetenzen

Teamorientierung/Niedrige Skalenwerte

Wenig teamorientierten Personen sind hohe Autonomie und Eigenständigkeit bei der Arbeit sehr wichtig. Sie möchten nicht auf die Unterstützung anderer angewiesen sein. Es bedeutet ihnen viel, die Verantwortung für ihre Arbeitsergebnisse allein zu tragen. Sie sind der Auffassung, dass Teamarbeit nicht grundsätzlich der Arbeit einzelner überlegen ist. In einer Tätigkeit, die ihnen in hohem Maße selbstständiges und von anderen unabhängiges Handeln erlaubt, fühlen sie sich am wohlsten.

Eine niedrige Teamorientierung ist in einem Umfeld vorteilhaft, in dem vor allem die persönlich zurechenbare Leistung zählt. Dies war bislang etwa im Außendienst der Fall, wo neuerdings jedoch zunehmend die Vorteile von Vertriebsteams entdeckt werden. Niedrig teamorientierte Personen nehmen Arbeitsgruppen bisweilen als ein Auffangbecken wahr, in dem weniger leistungsfähige Mitarbeiter von den Leistungen der Stärkeren profitieren. Sie betonen zwar die Wichtigkeit von Kooperationen, sind aber in der Regel trotzdem der Auffassung, dass sie viele Aufgaben am besten allein lösen könnten. Insgesamt betrachtet sind diese Menschen eher „Einzelkämpfer", die zumindest in ihrer beruflichen Tätigkeit selbständig und unabhängig agieren wollen.

Die immer komplexer werdenden Aufgaben haben demgegenüber ein Umdenken in Gang gesetzt, das in vielen Unternehmen zu einer verstärkten Förderung des Teamgedankens geführt hat. Sofern dies auf Basis der beruflichen Anforderungen geboten erscheint, kann eine Erweiterung des Handlungsspektrums für die beschriebenen Personen erforderlich sein: Viele Tätigkeiten werden in Zukunft nicht nur eigenständiges und autonomes Handeln erfordern, sondern ebenfalls die Bereitschaft, sich zugunsten einer erfolgreichen Kooperation im Team persönlich zurückzunehmen.

Teamorientierung/Niedrige Skalenwerte

Personen mit ausgeprägtem Wert auf dieser Dimension sind in hohem Maße kooperationsbereit und bewerten die Zusammenarbeit mit anderen als außerordentlich wertvoll. Für die Durchsetzung von im Team getroffenen Entscheidungen setzen sie sich aktiv ein und sind gern bereit, Kompetenzen und Entscheidungsbefugnisse auf die Gruppe beziehungsweise einzelne Mitglieder zu übertragen (Delegationsfähigkeit) oder mit diesen zu teilen. Generell neigen Personen mit einer hohen Ausprägung auf dieser Skala dazu, Teamleistungen gegenüber den addierten Einzelleistungen für überlegen zu halten. Zugleich gehen sie meist davon aus, dass sich im Teamgedanken die verschiedenartigen Einzelbeiträge zu einer neuen Qualität formen können. Der Austausch mit anderen wirkt anregend auf sie. Im Team übernehmen sie gern Funktionen, von denen sie sich eine Weiterentwicklung der Gruppe und des gemeinsamen Leistungsergebnisses versprechen. Bei der Zusammenarbeit unterstützen sie andere engagiert und nehmen auch selbst Unterstützung an. Schwierigkeiten versuchen sie nicht allein zu meistern, sondern greifen auf die Ressourcen des Teams zurück.

Bereich III: Soziale Kompetenzen

Durchsetzungsstärke/Niedrige Skalenwerte

Personen mit niedrig ausgeprägter Durchsetzungsstärke neigen nicht dazu, andere Menschen zu dominieren und in Gruppensituationen für die bedingungslose Durchsetzung ihrer Auffassungen zu kämpfen. Sie versuchen, ihre Ziele durch Kompromisse, nicht durch Dominanz und Autorität zu erreichen. Wenn eine Einigung ausgehandelt werden muss, tendieren sie zur Nachgiebigkeit und beharren nicht auf ihrem Standpunkt. In Situationen, in denen sie andere von ihren Ideen überzeugen wollen, geben sie rascher auf, was ihrem Anliegen häufig abträglich ist.

Auch wenn Durchsetzungsstärke mit der formalen hierarchischen Position korreliert ist, erfasst diese Skala nicht nur Aspekte der Weisungsbefugnis. Sie enthält ebenso Facetten, die man im Alltag als „Stehvermögen" oder im Extremfall auch als „Halsstarrigkeit" bezeichnen könnte. Niedrige Werte sprechen eher für Nachgiebigkeit, soziale Beeinflussbarkeit und rasche Kompromissbereitschaft. Je nach Anforderung der konkreten Tätigkeit kann dies sowohl von Vorteil - bei hohen Anforderungen an Integration und Kompromissfähigkeit - wie auch von Nachteil sein, etwa bei hohen Anforderungen an die Initiierung und Implementierung von Veränderungen.

Durchsetzungsstärke/Hohe Skalenwerte

Personen mit hohen Werten auf dieser Skala beschreiben sich als im Umgang mit anderen vielfach dominant. In Diskussionen sind sie offensiv und setzen sich nachhaltig für ihren Standpunkt ein. Ihre hartnäckige Argumentation führt häufig dazu, dass sie bei Auseinandersetzungen ihre Ziele durchsetzen können. Vor allem Personen, die sich nicht in gleichem Ausmaß Gehör verschaffen können, nehmen diese Menschen nicht selten als sehr überzeugt von eigenen Vorstellungen und mitunter auch als autoritär oder kompromisslos wahr. Bei vielen beruflichen Aufgaben, vor allem in schwierigen Führungssituationen, kann eine hoch ausgeprägte Durchsetzungsstärke durchaus hilfreich sein.

Allerdings ist mit einer hohen Durchsetzungsstärke oft eine geringere Einfühlungsbereitschaft (nicht zwangsläufig Einfühlungsfähigkeit) und eine weniger starke Mitarbeiterorientierung verbunden; auch wenn dies nicht dem Selbstbild entspricht. Gerade in diesem Bereich findet sich bei zahlreichen Führungskräften, besonders nach langjähriger Führungstätigkeit, eine hohe Selbstbild-Fremdbild-Diskrepanz, indem diese Personengruppe sich selbst als sehr durchsetzungsstark, ebenso aber als teamorientiert, einfühlsam und unterstützend erlebt - was von den zugeordneten Mitarbeitern jedoch nicht in gleicher Weise nachvollzogen wird. Hohe Werte in den Bereichen Durchsetzungsstärke, Sensitivität und Teamorientierung sollten diesbezüglich als Hinweis für eine weitergehende Exploration aufgenommen werden. Wichtig ist dabei die Thematisierung realer Situationen, in denen Durchsetzung und Einfühlung eine gravierende Rolle gespielt haben. Auf diese Weise lassen sich häufig weitere Hypothesen generieren, die zu einer klareren Einschätzung führen.

Bereich IV: Psychische Konstitution

Emotionale Stabilität/Niedrige Skalenwerte

Personen mit niedrigen Werten im Bereich der emotionalen Stabilität benötigen eine gewisse Zeit, um über Niederlagen und Misserfolge hinwegzukommen. Sie fühlen sich öfter entmutigt, unzulänglich und manchmal überfordert. Wenn sie bedrückt oder sehr besorgt sind, fällt ihnen die Bewältigung ihrer Aufgaben mitunter schwer. Teils resultiert dies aus einem schwierigen Lebensabschnitt oder einer belastenden Situation. Einige Personen beschreiben jedoch häufige Stimmungsschwankungen und emotionale Wechselhaftigkeit als zeitlich überdauernd für sich zutreffend. Während dieses die Leistungsfähigkeit nicht bei allen Tätigkeiten nachhaltig beeinträchtigen muss, existieren berufliche Aufgabenstellungen, die das Wohlbefinden weiter mindern könnten, etwa Tätigkeiten, die mit einem starken psychischen Druck verbunden sind. Mittlere oder leicht unterdurchschnittliche Werte im Bereich der emotionalen Stabilität sollten jedoch bei Platzierungsent-scheidungen keinesfalls automatisch einen Ausschlussfaktor darstellen. Vielen Menschen gelingt es in angemessener Weise, ihre Schwierigkeiten in diesem Bereich so zu kompensieren, dass keine Minderleis-tungen oder sonstige Problemsituationen in Erscheinung treten. Einen Warnhinweis, der gegebenenfalls zu einer tieferen Exploration der psychischen Belastbarkeitsgrenzen herangezogen werden sollte, stellen allerdings sehr niedrig ausgeprägte Werte in diesem Bereich dar. Hier sollte - insbesondere in einer eig-nungsdiagnostischen Situation - dem Kandidaten in aller Offenheit erklärt werden, welche emotionalen Anforderungen mit der in Frage kommenden Tätigkeit verbunden sind. Diesbezüglich kann (z. B. mit Hilfe von situativen Fragen, vgl. Schuler, 1992) erhoben werden, wie der Kandidat seines Erachtens mit einer Reihe von durch den Interviewer skizzierten emotional schwierigen Situationen umgehen und auf sie reagieren würde. Ansonsten könnte ohne klaren und gegenüber dem Kandidaten transparenten Anforde-rungsbezug die soziale Validität (vgl. Schuler & Stehle, 1983) der eignungsdiagnostischen Situation beein-trächtigt werden.

Emotionale Stabilität/Hohe Skalenwerte

Emotional hoch stabile Personen zeichnen sich im Umgang mit Rückschlägen, Misserfolgen und persönli-chen Problemen durch ein hohes Maß an Gelassenheit aus. Sie kommen schnell über Rückschläge hinweg, und es gelingt ihnen überaus gut, sich nach persönlichen Niederlagen erneut zu motivieren. Sie verfügen über eine ebenso optimistische wie positive Lebensauffassung und fühlen sich durch intensive negative Emotionen nicht nachhaltig beeinträchtigt. Bei Schwierigkeiten und Misserfolgen können sie negative Gefühle in hohem Maße kontrollieren und lassen sich in ihrer Arbeit nicht durch sie lähmen. Ihre Stabilität erlaubt diesen Menschen, auch solche Tätigkeiten erfolgreich zu bewältigen, bei denen sie einem hohen psychischen Druck ausgesetzt sind. Bei der zunehmenden Komplexität der Arbeitswirklichkeit und weiter gesteigertem Wettbewerb ist zu erwarten, dass Anforderungen in diesem Bereich tendenziell steigen werden.

Bereich IV: Psychische Konstitution

Belastbarkeit/Niedrige Skalenwerte

Während bei der emotionalen Stabilität vor allem der gefühlsmäßige Umgang mit schwierigen Situationen erfasst wird, zielen die Fragen dieser Skala eher auf physische Merkmale ab. Die beiden Skalen sind hoch interkorreliert, denn häufig geht psychisches Unwohlsein mit körperlichen Beschwerden einher. Dennoch eignen sich beide Dimensionen durch die unterschiedlichen Iteminhalte zur Exploration verschiedener Aspekte eines denkbaren Konstruktes „Allgemeine Stabilität".

Personen mit niedrigen Testwerten geben an, bei starken Belastungen schnell die Grenzen ihrer Leistungsfähigkeit zu erreichen. Wenn sie sich über eine längere Zeit hinweg hohen Anforderungen stellen müssen, fühlen sie sich erschöpft und gereizt oder nervös. In sehr arbeitsintensiven Phasen lassen Energie und Tatkraft nach. Psychologisch bedeutet dies, dass die Bereitschaft zur Auseinandersetzung mit weiter wachsenden Belastungen eher gering ist. Mit niedrigen Skalenwerten müssen nicht unbedingt gesundheitliche Beschwerden einhergehen. Die Skala erfasst eher die kognitive Repräsentation dessen, was man sich selbst zuzumuten bereit ist. Extrem niedrige Werte könnten - was im Gespräch zu klären ist - auf eine gewisse „Schonhaltung" hinweisen. Sollte sich dies im weiteren diagnostischen Interview bestätigen, ist zu empfehlen, die mit der in Frage kommenden Tätigkeit verbundenen Belastungen möglichst genau zu skizzieren. Diese Belastungen sind mit den psychophysischen Limitierungen des Kandidaten und ggf. deren Ursachen abzugleichen - im Falle einer Überforderung ist beiden Seiten wenig gedient.

Belastbarkeit/Hohe Skalenwerte

Hohe Belastungen können diese Personen außerordentlich gut verkraften. Es beeinträchtigt sie wenig, sich über längere Zeiträume hinweg auch kontinuierlich hohen Anforderungen stellen zu müssen. Sie verfügen über große Energiereserven. In arbeitsintensiven Phasen schaffen sie es bemerkenswert gut, ihre Kräfte zu bündeln und Arbeitskraft sowie Leistungsfähigkeit zu erhalten. Hohe Werte auf dieser Skala müssen nicht unbedingt mit der Abwesenheit von körperlichen Beschwerden einhergehen, denn besonders jene Personen, die sich auf eigenen Wunsch nachhaltig hohen Belastungen aussetzen, müssen sich häufig mit entsprechenden körperlichen Symptomen auseinandersetzen. Diese werden entweder ignoriert (die ungünstigere Variante) oder durch entsprechenden Ausgleich kompensiert. Personen, die sich über längere Zeit stärksten Belastungen unterwerfen und teils aufgrund extrem ausgeprägter Motivstruktur ausgleichende Verhaltensweisen vernachlässigen, sollten gegebenenfalls bezüglich gesundheitsrelevanter Aspekte sensibilisiert und beraten werden.

Dem Kandidaten sollte auch offen erläutert werden, in welcher Hinsicht Belastbarkeit für die spätere Tätigkeit von Bedeutung sein kann und worin die zu bewältigenden direkten und indirekten Belastungen konkret bestehen.

Bereich IV: Psychische Konstitution

Selbstbewusstsein/Niedrige Skalenwerte

Personen mit niedrigen Werten im Bereich des Selbstbewusstseins empfinden in vielen Situationen Besorgnis darüber, wie sie auf andere wirken und welchen Eindruck sie hinterlassen. Die mögliche Bewertung durch andere Personen ist ihnen ständig präsent und schränkt ihren Handlungsspielraum in manchen Fällen ein. Bei nicht wenigen Gelegenheiten würden sie sich wünschen, selbstsicherer zu wirken und weniger nervös zu sein, etwa wenn sie vor größeren Gruppen sprechen müssen oder aus anderen Gründen im Mittelpunkt der Aufmerksamkeit stehen. Kritik kann sie verunsichern, insbesondere dann, wenn diese schroff formuliert ist. Anderen Personen kann diese Verhaltenstendenz durchaus entgehen, häufig wird sie nur von aufmerksamen Beobachtern bemerkt. Niedrige Werte auf dieser Skala müssen durchaus nicht für eine geringere Leistungsfähigkeit sprechen, sondern bisweilen ist gerade die antizipierte Bewertung durch andere für diese Menschen ein bedeutsamer Anreiz für weitere Anstrengungen. Problematischer könnte hingegen sein, wenn mit der in Frage kommenden Position viele Repräsentationsaufgaben verbunden sind, die verbale Schlagfertigkeit und emotionale Unabhängigkeit erfordern. Hier sollte - bei entsprechender Platzierung -eine Unterstützung in einer speziell zugeschnittenen Form von Trainingsmaßnahmen oder Coaching erfolgen.

Selbstbewusstsein/Hohe Skalenwerte

In nahezu allen sozialen Situationen haben sich hochgradig selbstbewusste Personen gut im Griff. Ihr Auftreten wirkt überzeugend und selbstsicher. Sie haben kaum Schwierigkeiten damit, vor Gruppen zu sprechen oder aus einem anderen Grund im Mittelpunkt der Aufmerksamkeit zu stehen. Sie sind relativ unabhängig davon, was andere über sie denken. Wenn sie das Gefühl haben, abgelehnt zu werden, so belastet sie das nicht nachhaltig. Sie sind mit sich als Person zufrieden und sich ihrer Stärken bewusst - nicht notwendigerweise aber auch ihrer Schwächen. Sie wirken ausgeglichen, „mit sich im Reinen" und strahlen dies im Sinne von Selbstsicherheit und Souveränität auch aus. Deshalb sind sie in der Lage, auch deutliche Kritik anzunehmen, ohne dass ihr Selbstwertgefühl darunter leidet. Allerdings ist bei extrem hohen Werten, ähnlich wie bei der emotionalen Stabilität, möglicherweise auch die Bereitschaft reduziert, sich mit kritischen Rückmeldungen auseinanderzusetzen oder in Eigeninitiative die Wirkung auf andere zu reflektieren. Bei extrem selbstbewussten Personen kann, wenn Hinweise auf abträgliche Verhaltenstendenzen vorliegen, eine Erhebung bezüglich bisheriger Verhaltensveränderungen sinnvoll sein. Dabei wäre zu prüfen, inwieweit aufgrund kritischer Rückmeldungen Anpassungen unternommen, oder aber gemäß dem Motto „Ich bin, wie ich bin" Änderungswünsche oder -notwendigkeiten zwar registriert, jedoch nicht umgesetzt wurden

Autorenprofil

David Böhnke begann seine berufliche Laufbahn 1998 mit der Ausbildung zum Fleischer. Aus dem Wunsch heraus, hinter die Techniken der Produktionsprozesse zu blicken, diese zu verstehen und seinen Horizont zu erweitern, schloss er ein Studium an der THF Berlin im Bereich der Lebensmitteltechnologie ab. Seit 2008 trägt er den Titel Diplom Ingenieur (FH). Seine ersten beruflichen Erfahrungen sammelte David Böhnke in einem bekannten Zertifizierungsunternehmen für Lebensmittelsicherheitssysteme in Berlin, für welches er eine Studie verfasste und im Anschluss 2 Jahre lang, national und international, als Auditor tätig war. Der Reiz, den das Handwerk auf ihn ausübt, zog ihn zurück zu den Wurzeln seiner Karriere. Heute ist er Inhaber einer Fleischerei und führt aufgrund seiner tief verwurzelten Erfahrung weitere Betriebe zur EU-Zulassung.